I0035195

GRAND

MANUEL - FORMULAIRE

DE POLICE

ADMINISTRATIVE ET JUDICIAIRE

A L'USAGE

**Des Maires, Juges de Paix, Commandants de gendarmerie,
Commissaires de Police,
et tous Officiers de police administrative
ou judiciaire,**

PAR

C. P. DAYRE

COMMISSAIRE CENTRAL

Ire PARTIE

PARIS

MARESCQ AINÉ

LIBRAIRE

Rue Soufflot, 20.

AIX-EN-PROVENCE

V· REMONDET-AUBIN

ÉDITEUR

Cours Mirabeau, 53.

1877

GRAND MANUEL

DE POLICE

ADMINISTRATIVE ET JUDICIAIRE

Aix, Typographie Ve REMONDET-AUBIN, Cours Mirabeau, 53.

GRAND MANUEL

DE POLICE

ADMINISTRATIVE ET JUDICIAIRE

A L'USAGE

DES COMMISSAIRES DE POLICE

PAR

C. P. DAYRE

COMMISSAIRE CENTRAL

1877

Ce volume est le résultat de plusieurs années d'observations et d'étude. L'expérience, avec laquelle on doit compter en toute chose, m'a puissamment secondé dans l'œuvre que j'avais entreprise.

Je crois avoir fait un ouvrage utile : utile surtout pour ceux qui débutent dans l'administration. Ils y verront la manière de traiter toutes les affaires, de quelque nature qu'elles soient, qui pourront se présenter à eux.

Je m'étais proposé de faire une étude critique de l'organisation du Commissariat de Police ; mais, après réflexions, j'ai trouvé mon idée inopportune et l'ai abandonnée, me proposant de la reprendre plus tard.

De toutes les administrations publiques, celle de la Police est, bien certainement, la plus délaissée. Les réformes sont lentes, pour ne pas dire nulles. Aussi, le recrutement du personnel est-il souvent fort difficile.

Cette situation a préoccupé, à diverses époques, certains

ministres placés à la tête du département de l'intérieur; et, l'un d'eux, M. de Broglie, s'efforça, en 1873, de faire accepter par l'Assemblée nationale un projet de loi réorganisant la police sur des bases plus sérieuses.

« Il déclara qu'il fallait que la police devint une véritable carrière, avec sa hiérarchie, avec son avancement, avec ses pensions de retraite, et il ajouta que ces fonctions, étant aujourd'hui sans avenir, le personnel s'en ressentait. »

Malgré ces excellentes paroles, le projet de loi fut rejeté, et la police resta dans la fausse situation que les événements lui avaient faite.

Il nous appartient donc, aujourd'hui plus que jamais, d'attirer sur nous l'attention du gouvernement par nos bons et loyaux services. Oublions l'avenir précaire qui nous est réservé, et efforçons-nous de montrer, par notre mérite, combien le passé a été injuste à notre égard.

Ce sont ces considérations qui m'ont soutenu jusqu'à ce jour, et qui m'ont permis de mener à bonne fin une œuvre qui, j'ose l'espérer, sera, pour mes collègues, d'une utilité incontestable dans l'exercice de leurs délicates et laborieuses fonctions.

C. P. DAYRE.

DE LA POLICE

Son but. — Son caractère.

La police est instituée pour maintenir l'ordre et la tranquillité publique, la liberté, la propriété et la sûreté individuelle. Son caractère principal est la vigilance ; la société, considérée en masse, est l'objet de sa sollicitude. Ainsi s'exprime le législateur, du Code du 3 brumaire an iv.

Elle se divise en police administrative et police judiciaire. — Où commence l'action de la justice, celle de la police s'arrête.

On ne prescrit pas contre les lois de police générale, soit que ces lois aient pour objet la sûreté ou la salubrité publique, soit qu'elles ne concernent que l'ornement et l'embellissement d'une cité.

De la police administrative.

La police administrative, dit le Code du 3 brumaire an iv, a pour objet le maintien habituel de l'ordre public dans chaque lieu et dans chaque partie de l'administration générale. Son but principal est de prévenir les infractions aux lois qu'elle fait exécuter.

La police administrative se divise elle-même en police générale et police municipale ; cette dernière comprend dans sa division la police rurale.

La police générale embrasse dans sa prévoyance l'universalité des citoyens. Elle s'occupe de tous les intérêts moraux et physiques de la société, tels que la presse, l'imprimerie, la librairie et les publications de toute nature, les théâtres, les cultes, l'instruction publique, la voirie, les passe-ports, la mendicité et le vagabondage, les prisons, les maisons publiques, les associations politiques et industrielles, les sociétés secrètes, les attroupements, les subsistances, les épidémies, les cris séditieux, la provocation publique aux crimes et délits, les poids et mesures, la haute police, etc., etc.

Elle est exercée sous l'autorité immédiate du ministre de l'intérieur par les préfets et sous-préfets, les maires, et à Paris, par le préfet de police.

Chacune de ces autorités est chargée de faire exécuter les lois relatives à la police générale, à la sûreté et à la tranquillité intérieure de l'Etat, dans la mesure de sa compétence et de ses attributions. — Déc. 30 janv. 1852.

Elles peuvent prendre sur les matières déterminées par les art. 3 et 4, titre 1er de la loi du 16-24 août 1790, et par l'art. 46, titre 1er de la loi du 19-22 juillet 1791, des arrêtés dont l'infraction est punie des peines portées en l'art. 471 du C. Pén.

La police municipale s'occupe exclusivement des intérêts de la commune ; sa compétence et ses attributions sont déterminées par les lois des 16-24 août 1790, 19-22 juillet 1791 et 18 juillet 1837.

Elle est exercée dans les communes par le maire, et à Paris par le préfet de police.

La police rurale a pour objet la tranquillité, la salubrité et la sûreté des campagnes.

La gendarmerie, les gardes champêtres, sont plus particulièrement chargés de la police rurale.

De la police judiciaire.

La police judiciaire recherche les crimes, les délits et les contraventions que la police administrative n'a pu empêcher de commettre, en rassemble les preuves, et en livre les auteurs aux tribunaux chargés par la loi de les punir.

Le caractère de la police administrative étant surtout préventif, celui de la police judiciaire est principalement correctif.

La police judiciaire est exercée, sous l'autorité des Cours d'appel, par les gardes champêtres et les gardes forestiers, les commissaires de police, les maires et adjoints de maire, les juges de paix, les officiers de gendarmerie et les juges d'instruction.

Les préfets des départements, et le préfet de police à Paris, peuvent faire personnellement, ou requérir les officiers de police judiciaire, chacun en ce qui le concerne, de faire tous actes nécessaires à l'effet de constater les crimes, délits et contraventions, et d'en livrer les auteurs aux tribunaux chargés de les punir.

En outre, pour la plus prompte instruction des affaires criminelles, la loi a admis le concours de certains fonctionnaires qu'elle comprend sous la dénomination générique d'auxiliaires du procureur de la République. Ces fonctionnaires sont : les juges de paix, les officiers de gendarmerie, les maires et adjoints de maire, et les commissaires de police.

Les auxiliaires du procureur de la République reçoivent les dénonciations des crimes ou délits commis dans les lieux où ils exercent leurs fonctions habituelles. — Voir *dénonciations*.

Dans le cas de flagrant délit ou de réquisition de la part d'un chef de maison, ils dressent les procès-verbaux, reçoivent les déclarations des témoins, font les visites et tous autres actes qui sont de la compétence des procureurs de la République, le tout dans les formes et suivant les règles établies au chap. 4 du C. d'inst. criminelle.

DES COMMISSAIRES DE POLICE

Historique et législation.

Les commissaires de police sont des fonctionnaires spécialement chargés de veiller au maintien du bon ordre, de la sécurité
et de la salubrité publique, de rechercher et de livrer aux
tribunaux ceux qui ont enfreint les lois de l'Etat.

L'institution des commissaires de police remonte aux temps
les plus éloignés; à mesure que la civilisation se développait chez
les peuples barbares, la création d'officiers chargés d'assurer la
sûreté et la tranquillité publique devenait une nécessité.

Dans l'antiquité, nous voyons, à Rome, les *curatores regionum
urbis, magistratus minores,* préposés sous l'autorité du préfet de
la ville à la surveillance des quatorze quartiers de Rome.

En France, dès l'origine de la monarchie, il existait, sous le
nom de *adjutores, oculi magistratuum, missi comitum, missi
reipublicæ, missi discurrentes, missi regales,* des magistrats chargés de veiller à la bonne administration des provinces et à l'exacte
distribution de la justice.

Ces magistrats firent place, lors de l'institution des prévôtés,
aux commissaires enquêteurs et examinateurs : à Paris ces commissaires portaient le nom de *commissaires au Châtelet.*

En matière civile, les commissaires au Châtelet étaient chargés
de procéder par délégations de juges, non-seulement à l'audition
des témoins, mais encore aux inventaires, partages, comptes,
appositions de scellés, ordres et contributions, taxes de dépens
et dommages-intérêts, etc.

En matière criminelle, *dans le cas de flagrant délit et de cla-
meur publique,* ils avaient droit, non-seulement d'informer d'office, mais même de faire constituer l'accusé prisonnier ; mais,
excepté le cas de flagrant délit, il leur était défendu de se transporter dans les maisons particulières pour y recevoir des déposi-

tions et des déclarations, à moins d'en être requis par les parties elles-mêmes ou par une ordonnance. Enfin, tous les détails de la police rentraient dans leurs attributions.

Ainsi, ils devaient répondre de jour et de nuit au guet et à la maréchaussée qui étaient tenus de leur amener tous les délinquants.

Ils pouvaient envoyer d'office en prison les délinquants qui étaient sans aveu et sans domicile, *ainsi que les filles publiques qui causaient du scandale.*

En un mot, ils étaient chargés de tout ce qui concernait la sûreté, la propreté et l'illumination de la ville.

Plus tard, en novembre 1699, un édit institua dans les prinpales villes du royaume des commissaires de police, en titre d'offices héréditaires, dont les fonctions consistaient à faire exécuter les ordres et mandements des *lieutenants généraux de police.*

Le décret du 4 août-21 septembre 1789, en supprimant la vénalité des offices, supprima du même coup l'institution des commissaires enquêteurs, celle des commissaires au Châtelet et celle des commissaires de police.

Peu après intervint le décret du 19 avril 1790 qui confia provisoirement aux corps municipaux la police administrative, et alors prit naissance l'institution actuelle des commissaires de police qui, restreinte d'abord à la ville de Paris, ne tarda pas à s'étendre dans toutes les villes importantes de France.

Le décret du 19 vendémiaire an IV, généralisant l'institution plus que ne l'avaient fait les diverses lois rendues jusqu'alors et statuant tant pour la ville de Paris que pour les départements, disposa qu'il y aurait des commissaires de police dans toutes les communes au-dessus de 5,000 habitants. De cette manière la nomination des commissaires de police ne fut plus abandonnée aux hasards du scrutin.

Sous la période révolutionnaire nous trouvons encore l'arrêté du 2 germinal an IV et la loi du 29 nivôse an VI concernant les attributions des commissaires de police.

Sous le consulat, l'institution des commissaires de police s'établit sur des bases moins mobiles. Divers décrets fixent à nouveau les attributions des commissaires de police, les chargent de remplir les fonctions du ministère public près les tribunaux de simple police et règlent le costume qu'ils portent dans l'exercice de leurs fonctions.

Jusqu'à l'Empire l'institution des commissaires de police se développe de plus en plus.

Sous la restauration et sous la monarchie de juillet interviennent des lois et ordonnances relatives aux commissaires de police; enfin, arrive le décret du 28 mars 1852, qui donne à l'organisation de la police un développement d'une importance considérable.

Dans tous les cantons où il existait un commissaire de police la juridiction de ce magistrat fut étendue à tout ou partie des communes composant ce canton.

Les commissaires de police eurent le droit de réquérir les gardes champêtres et les gardes forestiers de leur canton, et les gardes furent tenus de les informer de tout ce qui intéressait la tranquillité publique.

Le but de cette disposition, dit une circulaire de M. le ministre de l'intérieur en date du 4 octobre 1863, a été d'accroître la force de l'institution nouvelle, en réunissant autour du commissaire de police un contingent d'hommes dévoués sur qui l'autorité put compter dans des moments difficiles ; mais on ne saurait prétendre qu'elle ait voulu faire, des agents de l'administration des forêts, les auxiliaires permanents des commissaires de police, et les détourner ainsi de leur véritable destination. Une telle interprétation ne pourrait être admise sans porter atteinte aux droits et aux intérêts de l'administration forestière, et sans méconnaître l'esprit et la lettre du décret.

Il m'a donc paru, ajoute le ministre, que le droit de réquisition directe, accordé aux commissaires de police par le décret du 28 mars, ne pouvait avoir d'application raisonnable et justifiée que lorsque le maintien de l'ordre, la tranquillité publique, la sécurité des personnes, en un mot des circonstances *exceptionnelles* réclamaient le concours immédiat des préposés forestiers, et nullement lorsqu'il s'agissait de la répression des délits, contraventions de police ordinaires, etc.

Les commissaires de police des villes de six mille âmes et au-dessous furent nommés par les préfets, sur une liste de trois candidats arrêtée par l'inspecteur général du ministère de la police générale, aujourd'hui le Directeur de la sûreté générale. La révocation, pour être définitive, devait être approuvée par le ministre.

Les commissaires de police des villes au-dessus de 6,000 âmes continuèrent à être nommés par le président de la République, sur la proposition du ministre de la police générale.

Enfin, le 17 janvier 1853 un nouveau décret créa un grand nombre de commissariats cantonaux.

A cette époque, les appointements payés aux commissaires de police étaient des plus modestes ; beaucoup d'entre eux, chargés de famille, ne pouvaient se suffire et étaient obligés de renoncer à un état qui ne leur garantissait pas le pain du jour. Le chef de l'Etat ne tarda pas à intervenir, et le 27 février 1855 un décret fixa les traitements et les frais de bureau des commissaires de police de la manière suivante :

CLASSES	TRAITEMENT	FRAIS DE BUREAU ET DE TOURNÉES	TOTAL
	FR.	FR.	FR.
1re classe.....	4.000	800	4.800
2e classe.....	3.000	600	3.600
3e classe.....	2.000	400	2.400
4e classe.....	1.500	300	1.800
5e classe.....	1.200	240	1.440

La répartition entre les classes ci-dessus déterminées des commissariats de police créés ou à créer est réglée par des décrets impériaux dans les limites établies par les articles suivants.

Peuvent être portés à la première classe : 1° les commissaires de police ayant le titre de commissaires centraux dans les villes qui ont cinq commissaires de police et au-dessus, y compris le commissaire central ; 2° les commissaires de police des villes ayant une population supérieure à cent mille habitants ; 3° les commissaires centraux des villes qui sont le siége d'une cour impériale ou d'une cour d'assises, le chef-lieu d'une division militaire ou le siége d'une préfecture maritime, lorsque lesdites villes ont au moins trois commissaires de police, y compris le commissaire central.

Peuvent être portés à la deuxième classe : 1° les commissaires centraux de police institués dans les villes qui ne sont pas comprises dans la première classe ; 2° les commissaires de police des villes dans lesquelles les commissaires centraux appartiennent à la première classe, d'après les dispositions ci-dessus ; 3° les commissaires de police des villes dont la population excède vingt mille habitants et qui n'ont pas de commissaire central ; 4° les commissaires de police des villes qui sont le chef-lieu d'un département, d'une cour d'assises, d'un arrondissement de sous-préfecture ou d'un tribunal civil, et dont la population est de quinze mille habitants et au-dessus.

Peuvent être portés à la troisième classe : 1° les commissaires de police des villes dont la population est supérieure à sept mille habitants et qui ne sont comprises dans aucune des catégories déjà indiquées ; 2° les commissaires de police des villes qui sont le chef lieu d'un département alors même que la population desdites villes est inférieure à sept mille habitants.

Peuvent être portés à la quatrième classe : les commissaires de police des villes et communes dont la population est inférieure à cinq mille habitants, et qui ne seraient pas comprises dans l'une des quatre premières catégories, appartenant à la cinquième classe.

Les commissaires de police des villes et communes dont la population est inférieure à cinq mille habitants, et qui ne seraient pas comprises dans l'une des quatre premières catégories, appar_ tiennent à la cinquième classe.

Nomination des commissaires de police, conditions.

L'extension importante que les divers décrets ont donné aux fonctions des commissaires de police oblige le gouvernement à se montrer sévère dans le choix de ces fonctionnaires.

L'âge et la santé des candidats sont, dans tous les cas, pris en grande considération.

L'intégrité, la moralité, l'énergie, un dévouement non équivoque au gouvernement, sont, en outre, des conditions essentielles que doit présenter tout candidat avant qu'il soit procédé sur lui à plus ample examen.

Ces conditions, d'ailleurs, ne sont que la reproduction d'un règlement établi, avant l'Empire, sous l'administration de M. Dufaure, alors ministre de l'intérieur, qui est encore en vigueur sur beaucoup de points et que nous croyons utile de reproduire ci-après.

Règlement.

Art. 1er. Nul ne pourra être proposé pour remplir les fonctions de commissaire de police, s'il n'a atteint l'âge de vingt-cinq ans, et s'il a passé l'âge de quarante-cinq ans.

Art. 2. Nul ne pourra être nommé commissaire de police s'il ne satisfait aux conditions de capacité ci après énoncées :

1° Être en état de dresser et de rédiger des procès-verbaux et des rapports;

2° Avoir une notion suffisante de la législation française, en ce qui concerne les droits publics des citoyens et les règlements de police.

Art. 5. Sauf les cas de services exceptionnels signalés par voie hiérarchique, et dûment constatés, l'avancement des commissaires de police sera soumis à des règles déterminées.

Art. 7. Nul ne pourra passer d'une classe à l'autre sans avoir exercé pendant deux ans au moins dans la classe inférieure.

Serment.

Avant d'entrer en fonctions les commissaires de police prêtent, devant le préfet de leur département, le serment prescrit par la loi.

Un décret du gouvernement de la défense nationale, en date du 11 septembre 1870, a aboli le serment politique. Les fonctionnaires ne prêtent aujourd'hui que le serment professionnel.

Les appointements des commissaires de police partent, non du jour de leur nomination, mais bien du jour de leur installation.

Costume.

Le décret du 31 août 1852 relatif au costume des commissaires de police est toujours en vigueur. Dans toutes les cérémonies publiques, dans les visites de corps, les commissaires de police doivent être porteurs du costume, réglé ainsi qu'il suit par le susdit décret :

1° Commissaires de police de la ville de Paris et commissaires centraux des départements :

Habit bleu, broderie à trois rangs en argent au collet ; parements et écusson ; boutons en argent avec palmes et trophée.

Le chef de la police municipale de Paris portera en sus les pattes brodées.

2° Commissaires de police de chef-lieu de département et de la banlieue de Paris :

Broderie à deux rangs au collet, parements et écusson.

3° Commissaires d'arrondissement et de chef-lieu de canton au-dessus de 6000 âmes :

Broderie à deux rangs au collet et parements.

4° Commissaires de canton :

Broderie à deux rangs au collet, baguette aux parements,

Les commissaires de police porteront :

Un gilet de piquet blanc ;

Un pantalon uni bleu ;

Une écharpe tricolore, avec glands en argent pour la première classe, et en soie blanche pour les trois autres;

Une épée à poignée noire, garde argentée ;

Un chapeau à la française, avec ganse brodée pour la première classe, plume noire pour les commissaires de police de la ville de Paris, et avec torsade en argent pour les trois autres.

Les commissaires de police ne sont pas obligés d'être revêtus des marques distinctives de leur autorité pour les actes ordinaires de leur ministère. Le caractère du fonctionnaire, la notoriété qui s'attache à lui, suffisent toujours.

Mais toutes les fois qu'il s'agit de forcer la volonté d'un citoyen, de s'introduire dans son domicile et de faire une acte quelconque susceptible de transformer la résistance en rebellion, ils doivent avoir le soin d'être ceints de leur écharpe.

L'article 1er de la loi du 10 août 1831 fait même une obligation aux commissaires de police d'être ceints de leur écharpe lorsqu'il y a lieu de faire sommation aux attroupements de se disperser, et ce, sous peine de nullité des sommations.

Quelques commisssaires de police ont fait faire des képis en drap bleu, avec la broderie règlementaire et s'en servent dans leurs tournées ou dans les opérations auxquelles ils assistent.

Nous approuvons complétement cette innovation et engageons vivement les commissaires de police à faire l'achat d'un képi : la dépense est peu coûteuse et d'une utilité incontestable.

Qu'il s'agisse du service du théâtre, d'un incendie, etc., le commissaire de police, porteur du képi, est bien plus en évidence que s'il n'est seulement revêtu que de son écharpe.

Nous ajoutons même que les commissaires de police devraient

2

être autorisés à porter la petite tenue qui consisterait en : 1° une tunique droite, en drap bleu, fermant par 9 boutons, collet et parement brodé en argent comme l'habit de grande tenue ; 2° un pantalon bleu uni ; 3° un képi bleu avec bandeau brodé en argent tout autour, deux tresses en argent aux montants, deux nœuds au calot ; 4° épée comme la grande tenue, et 5° ceinturon en galon tricolore en soie avec plateaux argentés portant palmes et trophée.

Nombre de commissaires de police qui sont depuis longtemps dans le personnel, ont été obligés de renouveler leur costume que le temps avait défraîchi ; avec quelques réparations il leur serait facile de se composer la petite tenue sans être dans la nécessité de faire de nouvelles dépenses ; ils utiliseraient ainsi un costume qui leur avait coûté fort cher et qui était désormais devenu inutile pour eux.

Subordination.

« Les commissaires de police, dit une circulaire du ministre de l'intérieur en date du 31 décembre 1852, sont des fonctionnaires de l'Etat, placés, à ce titre et quant à leurs attributions générales, sous l'autorité directe des préfets. Ils sont subordonnés aux maires et aux chefs des parquets, en ce qui concerne la police municipale et la police judiciaire. Ils doivent à ces autorités un concours franc et complet, dans les limites que la loi a déterminées.

« Les devoirs des commissaires de police envers ces diverses autorités sont de deux natures : ils sont généraux, c'est-à-dire ayant un caractère commun aux trois ordres de fonctionnaires ; ou spéciaux, c'est-à-dire rentrant directement ou exclusivement dans les attributions de l'un ou de l'autre de ces fonctionnaires.

« S'il se produit un fait grave qui intéresse la sûreté publique, un grand désastre, tel qu'un incendie ou une inondation, ou tout autre fait d'un intérêt général, le commissaire de police doit en donner avis simultanément aux diverses autorités dont il dépend.

« A côté de ce devoir d'intérêt général il en est un autre qui se rattache plus particulièrement à chacune des autorités, et qui, par sa nature même, ne saurait s'accomplir en dehors du cercle de leurs attributions respectives. S'il s'agit, par exemple, de la recherche d'un prévenu ou d'un condamné, ou de la constatation et de la poursuite d'un crime ou d'un délit, c'est au fonctionnaire de l'ordre judiciaire que le commissaire de police doit adresser ses rapports, sans en référer aux autres autorités, et il ne peut venir à leur pensée d'en exiger communication. Le résultat d'une semblable exigence ne pourrait être que d'entraver l'action de la justice.

« S'il s'agit d'un crime ou d'un délit politique ou d'un crime exceptionnel destiné à produire une profonde impression sur toute une population, le commissaire de police doit en donner connaissance aux autorités administrative et judiciaire.

« Quand il s'agit d'un fait de nature confidentielle, c'est à l'autorité supérieure que ce fait intéresse de déterminer, quand elle s'adresse au commissaire de police, si le rapport qu'elle demande doit avoir ce caractère.

« Lorsque le commissaire de police agit spontanément, c'est à lui de discerner dans les attributions de quel ordre de fonctionnaires rentre plus spécialement le fait dont il s'agit, et s'il doit ou non en donner avis aux autorités dont il dépend, ou à l'une d'elles seulement.

« En tout état de choses, toutes les fois qu'un fonctionnaire aura, en demandant un renseignement au commissaire de police, indiqué que le rapport doit être confidentiel, les fonctionnaires d'un autre ordre ne peuvent en exiger communication.

« En résumé, quand il s'agit d'un renseignement d'intérêt général, de sûreté publique, le commissaire de police doit en faire rapport au chef de l'autorité judiciaire.

« Quand il s'agit, au contraire, d'un ordre émané d'une des autorités dont dépend le commissaire de police pour instrumenter à l'égard d'un fait qui rentre spécialement dans ses attributions, et au sujet duquel les renseignements demandés seront signalés comme ayant un caractère confidentiel, le commissaire de police n'en doit communication qu'au fonctionnaire qui les a provoqués.

« De ce que les commissaires de police sont rétribués sur les budgets municipaux, il ne s'en suit pas qu'ils doivent être avant tout appliqués au service municipal, et que les maires puissent exercer envers eux un droit d'investigation et de contrôle sur tous leurs actes. Les fonctions des commissaires de police sont multiples, et aucune des autorités dont ils dépendent ne peut prétendre à recueillir, exclusivement pour elle seule, le bénéfice de leur concours. »

Archives des commissariats.

Une circulaire du ministre de l'intérieur en date du 8 février 1855 indique les mesures à prendre pour la conservation des archives des commissariats de police.

« Mon attention, dit le ministre, a été appelée sur un fait qui paraît presque général et dont je tiens à prévenir le retour : souvent les commissaires de police, lorsqu'ils changent de résidence, emportent les documents et la correspondance dont il sont détenteurs à raison de leurs fonctions. Toutes les pièces de cette nature constituent les archives du commissariat et sont la propriété de l'administration : le commissaire de police n'en est que le dépositaire responsable, et le service est intéressé à ce que la remise en soit faite intégralement par lui à son successeur.

« Il importe de prendre les dispositions nécessaires pour que cette obligation soit exactement remplie au moment de chaque mutation dans le personnel. Il y a donc lieu de prescrire que toutes les fois qu'un commissaire de police, pour une cause quelconque, cessera ses fonctions dans une localité, un procès-verbal dressé sous le contrôle et avec la signature du maire de la résidence, constatera la remise au nouveau titulaire, ou le dépôt aux archives du commissariat, de tous les documents appartenant à l'administration.

« Afin que cette mesure ait toute son efficacité il y a lieu d'établir un inventaire de tous les documents déposés jusqu'ici à chaque commissariat. Il devra, en outre, être tenu un registre d'ordre sur lequel chaque commissaire de police inscrira, à la date de leur arrivée, et sous une série de numéros reproduits sur la pièce, l'analyse des différents actes, documents, procès-verbaux, lettres, etc., qui lui sont adressés concernant son service.

« Ce registre, qui sera compris dans la remise des archives, permettra de vérifier si elles sont au complet. »

Dans les villes où il y a un commissaire central le procès-verbal de remise des archives d'un commissariat de police peut être dressé sous son contrôle et avec sa signature.

Nous donnons ci-après une formule de procès-verbal usitée dans les principales villes de France.

VILLE d...............	PROCÈS-VERBAL

COMMISSARIAT DE POLICE

INVENTAIRE des archives DU COMMISSARIAT

L'an mil................. et le.............
à........ heures du...........
Nous, Lachaise Alphonse, commissaire de police de la ville de..............
Constatons qu'au moment où nous avons remplacé M. André dans ladite ville, il existait, au Commissariat de Police de........................; les registres, documents, correspondances et objets, dont suit la nomenclature, que nous transmettons à notre successeur, M. Dayre.

Numéros D'ORDRE	NOMENCLATURE DES ARCHIVES	DATES	Nombre DE PIÈCES	OBSERVATIONS

En foi de quoi nous dressons le présent en double expédition, en présence de M................, qui signe avec nous, et nous en donne décharge.

Le commissaire central (ou le maire).   *Le commissaire de police sortant,*
DIETZE.   LACHAISE.

Vu par nous commissaire de police,
à........ .... le........... 18
DAYRE.

RAPPORTS DES COMMISSAIRES DE POLICE

Avec la direction de la sûreté générale.

Les commissaires de police ne peuvent s'adresser directement à l'administration centrale dans le but d'obtenir de l'avancement ou pour tout autre motif d'intérêt personnel.

Ils ne peuvent non plus écrire à des employés du service pour solliciter un appui, ou pour connaître le résultat de leurs instances.

Une circulaire du ministre de l'intérieur en date du 25 novembre 1853 fait savoir aux commissaires de police que, hors les cas d'extrême urgence intéressant l'ordre ou la sûreté publique, ils ne doivent correspondre avec le ministre de l'intérieur qu'en se conformant aux règles hiérarchiques.

« Je désire en outre, ajoute le ministre aux préfets, que vous fassiez bien comprendre à ces fonctionnaires que c'est par le témoignage de leurs supérieurs, ou d'après leur avis, que je peux et que je dois seulement apprécier leurs services ou le mérite de leurs réclamations. Il est donc indispensable que ces demandes me parviennent par votre intermédiaire. A l'avenir, celles qui seraient adressées directement au ministère resteraient sans réponse et seraient classées sans examen.

« Quant aux communications adressées aux bureaux, elles ne peuvent avoir qu'un résultat fâcheux : c'est de mettre en jeu, sans utilité pour leurs auteurs, la responsabilité et même, selon le cas, la position des employés qui les reçoivent. J'ai donné l'ordre aux employés de présenter immédiatement à leurs chefs les lettres de cette nature qu'ils pourraient recevoir, et mon intention est de sévir contre les commissaires de police qui ne tiendraient pas compte de cette circulaire. »

Avec les préfets ou sous-préfets.

Les commissaires de police, étant avant tout des fonctionnaires politiques, sont placés sous l'autorité directe et immédiate des préfets.

Ils doivent s'attacher à rendre compte aux préfets de tous les faits, renseignements, documents et indices qui touchent à la tranquillité publique et à la sûreté générale. Tout ce qui a un caractère politique doit leur être communiqué.

Lorsque dans le chef-lieu du département ou le chef-lieu de l'arrondissement il existe un commissaire central les rapports des commissaires de police doivent toujours avoir lieu par son intermédiaire.

Le commissaire central ou le commissaire de police, chef de service, se rend tous les jours chez le préfet ou le sous-préfet pour lui rendre compte du service et prendre ses instructions.

Nous n'avons pas besoin d'insister sur le dévouement entier, absolu, que les commissaires de police doivent accorder aux préfets.

Avec les parquets.

Les rapports des commissaires de police avec les parquets sont très fréquents ; ils se bornent exclusivement à la police judiciaire.

Les commissaires de police doivent montrer la plus grande déférence vis-à-vis des membres du parquet. Ils s'inspireront le plus qu'ils le pourront des conseils de ces magistrats et mettront tous leurs soins à remplir fidèlement les instructions qui leur seront données.

Avec les maires.

Le maire est le chef de la police municipale : ses attributions sont définies par diverses lois et notamment par l'article 50 du décret constitutif du 14 décembre 1789, par l'article 46 de la loi du 19-22 juillet 1791 et par l'article 11 de la loi du 18 juillet 1837. Mais la loi essentielle, fondamentale, en matière de police, c'est la loi du 16-14 août 1790 (titre xi, art. 3 et 4), dont chaque disposition peut être ramenée à l'une des trois catégories suivantes : l'ordre, la sûreté, la salubrité publique.

Les arrêtés pris par le maire sont immédiatement adressés au sous-préfet. Le préfet peut les annuler ou en suspendre l'exécution. Ceux de ces arrêtés qui portent règlement permanent ne sont exécutoires qu'un mois après de la remise l'ampliation constatée par les récépissés donnés par le sous-préfet. L. 18 juillet, art. 11.

Les arrêtés qui ne portent pas règlement permanent, c'est-à-dire qui statuent par voie d'injonction ou de prohibition individuelle, ne sont soumis à aucun délai pour leur mise à exécution ; ils sont exécutoires de plein droit dès que le récépissé en a été donné. Le préfet peut, à quelque époque que ce soit, annuler tout acte de ce genre ; mais les faits accomplis pendant que l'arrêté avait une existence légale ne sont pas atteints par l'annulation. Cir. Int. 1er juillet 1840.

Pour être obligatoire, tout arrêté municipal qui impose certaines obligations ou qui interdit certaines facultés, doit en outre avoir été publié et affiché dans la commune, s'il concerne tous les habitants en général ; s'il concerne seulement un individu ou quelques individus, il faut qu'il leur ait été régulièrement notifié.

Les commissaires de police sont d'ordinaire les fonctionnaires chargés de faire exécuter les arrêtés municipaux ; ils doivent y procéder d'une manière juste, équitable, sans chercher à fausser l'esprit qui les a dictés.

Ils devront toujours s'inspirer des instructions du maire et se garder de chercher un conflit dans une affaire de minime importance.

Les maires ont parfois d'étranges désirs ; ils ne se pénètrent pas assez du respect que chacun doit aux lois, et souvent ils insistent pour que telle contravention, commise par telle personne, ne soit pas constatée.

Si les respectueuses observations que le commissaire de police croira devoir faire ne sont pas prises en considération, il fera bien de ne pas se heurter contre la volonté du chef de la police municipale. S'il tient à sauvegarder sa responsabilité, il en informera confidentiellement le sous-préfet qui lui donnera des ordres, s'il le juge nécessaire.

Il est du plus grand intérêt que la bonne harmonie existe dans les rapports entre les maires et les commissaires de police ; on devra toujours éviter les conflits qui ne servent qu'à créer des difficultés à l'autorité supérieure.

Sans doute, les commissaires de police pourraient faire une plus grande somme de bien aux populations et rendre de plus grands services au gouvernement s'ils ne se trouvaient quelquefois en présence d'une volonté qu'ils doivent subir et qui, la plupart du temps, paralyse tous leurs moyens d'action ; mais qu'y faire ? La réorganisation de la police n'est pas chose facile.

Avec les commissaires centraux.

A la suite du décret du 22 mars 1854 qui supprima les commissariats départementaux dans tous les départements où ils avaient été institués en exécution du décret du 5 mars 1853, des commissariats centraux furent créés dans les chefs-lieux de département et d'arrondissement où il existait plusieurs commissaires de police.

« Cette institution, dit la circulaire ministérielle du 3 avril 1854, qui, il n'est pas sans intérêt de le rappeler, a pour elle la consécration de l'expérience, répond au besoin universellement senti d'imprimer au service de la police une direction unique sans déplacer ni affaiblir l'action incessante que doit avoir sur lui l'autorité administrative. Indépendamment des attributions dont il est investi par son titre de commissaire de police, le commissaire central est le chef responsable vis-à-vis de l'autorité de tout le service de la ville chef-lieu de sa résidence. Les autres commissaires de police du chef-lieu sont sous son autorité directe. C'est à lui qu'ils adressent leurs rapports et c'est par son intermédiaire qu'ils reçoivent les instructions et les ordres relatifs à leur service, sauf, toutefois, les exceptions motivées par des circonstances particulières, et dont l'appréciation est laissée entièrement aux représentants de l'autorité administrative ou judiciaire.

« A ces attributions permanentes, en ce qui concerne la ville où il réside, et à raison desquelles il est investi d'une initiative complète, le commissaire central de police réunit le pouvoir exceptionnel d'instrumenter dans toute l'étendue de l'arrondissement ; mais l'exercice de ce droit est subordonné à une autorisation spéciale du préfet ou du sous-préfet.

« Les commissaires de police ayant la même résidence que le commissaire central sont les seuls placés sous l'autorité de celui-ci. Les commissaires résidant dans les autres parties de l'arrondissement sont chefs de service dans l'étendue de leurs circonscriptions respectives. Ils correspondent directement, suivant les cas, avec les représentants de l'autorité administrative ou de l'autorité judiciaire. Le commissaire central n'a point sur ces commissaires une autorité directe et permanente. Le préfet peut, toutefois, lui déléguer en tout ou partie celle dont il est investi lui-même, et il lui appartient, dans ce cas, d'en régler l'exercice suivant les circonstances, une entière latitude lui étant laissée à cet égard. »

Le commissaire central transmet aux commissaires de police les instructions et les ordres de l'autorité préfectorale, municipale et judiciaire.

Il en surveille l'exécution.

Il exerce, sur les diverses parties de leur service et sur tous leurs actes, une surveillance incessante et directe, instruit les demandes et réclamations qu'ils présentent et les plaintes dont ils sont l'objet.

Les commissaires de police doivent le tenir au courant de tous les faits, renseignements, documents et indices qui touchent à la tranquillité publique et à la sûreté générale.

Lorsqu'il s'agit de police municipale tous les procès-verbaux et rapports doivent lui être transmis.

Les procès-verbaux constatant des crimes et délits doivent être transmis directement au parquet ; mais mention du crime ou délit doit en être faite au rapport journalier.

Les commissaires de police doivent aussi, dès qu'ils ont connaissance qu'un crime a été commis ou vient de se commettre, en donner avis au commissaire central ; il importe que rien n'échappe au chef responsable du service de la police de la ville. Il en est de même en cas d'accident grave.

En un mot, les commissaires de police ne négligeront rien pour mériter la confiance de leur chef de service ; de leur côté les commissaires centraux n'auront garde d'être bienveillants pour des collaborateurs tous dévoués.

Avec les juges de paix.

Les rapports des commissaires de police avec les juges de paix ont motivé une circulaire du ministre de l'intérieur en date du 21 juillet 1854.

Il résulte de cette circulaire que les commissaires de police sont indépendants des juges de paix, et n'ont, en droit strict, aucun ordre à en recevoir pour l'exercice de leurs fonctions.

Les commissaires de police ne peuvent être valablement délégués par les juges de paix pour un acte quelconque d'information, et, en cas de flagrant délit, ils sont libres de procéder à une arrestation ou à toute autre opération de leur compétence sans prendre l'avis de ces magistrats.

A l'égard des procès-verbaux de simple police le commissaire de police, chargé des fonctions du ministère public, est libre de ne les produire qu'à l'audience ; mais il est convenable, conformément à ce qui a lieu dans d'autres juridictions, qu'il en soit donné auparavant connaissance au juge de paix, lorsque celui-ci exprime le désir de s'éclairer sur la nature de l'affaire qu'il sera appelé à juger.

Les commissaires de police doivent apporter dans leurs rapports avec les juges de paix un esprit de conciliation et de bienveillance ; tous leurs efforts doivent avoir pour but de conserver la bonne harmonie qui doit exister entre des agents appelés à concourir au même but.

Avec la gendarmerie.

Les rapports des commissaires de police avec la gendarmerie sont réglés par l'article 118 du décret du 1er mars 1854 et par l'article 25 du Code d'instruction criminelle qui donne aux procureurs du roi et tous autres officiers de police judiciaire le droit, dans l'exercice de leurs fonctions, de réquérir directement la force publique.

En outre, la gendarmerie est tenue de prêter main-forte chaque fois qu'elle en est requise par les commissaires de police D. 1er mars 1854, article 93.

Les sous-officiers, brigadiers et gendarmes requis de prêter main-forte aux fonctionnaires et agents de l'autorité administrative ou judiciaire peuvent signer les procès-verbaux dressés par ces fonctionnaires et agents, après en avoir pris connaisance, mais ils ne dressent pas de procès-verbaux de ces opérations; ils en font seulement mention sur les feuilles et rapports de service. — Article 490.

Les réquisitions sont faites par écrit, signées, datées et ne doivent contenir aucun terme impératif, tels que : ordonnons, voulons, enjoignons, mandons, etc., ni aucune expression ou formule pouvant porter atteinte à la considération de l'arme et au rang qu'elle occupe parmi les corps de l'armée. — Article 97.

Lorsque la gendarmerie est légalement requise pour assister l'autorité dans l'exécution d'un acte ou d'une mesure quelconque elle ne doit être employée que pour assurer l'effet de la réquisition, et pour faire cesser, au besoin, les obstacles et empêchements. — Article 98.

La gendarmerie doit communiquer sans délai aux autorités civiles les renseignements qu'elle reçoit et qui intéressent l'ordre public. Les autorités civiles lui font les communications et réquisitions qu'elles reconnaissent utiles au bien du service.... — Article 100.

Nous engageons vivement les commissaires de police à se tenir sur la plus grande réserve avec les militaires de la gendarmerie; à se montrer conciliants en toutes choses, et à éviter les conflits.

S'ils étaient en butte à de trop grandes tracasseries, ils devraient en aviser le préfet par un rapport spécial.

Formule de Réquisition.

VILLE D. . . . . . **COMMISSARIAT** **DE POLICE** N° RÉQUISITION (1) à la Gendarmerie	## De par la loi Nous . . . . Commissaire de Police de la ville d . . . . Vu l'art. 118 du décret du 1er mars 1854 (ou *l'art. 25 du Code d'instruction criminelle, si l'on procède en qualité d'auxiliaire du procureur de la République*). Requérons M. le Maréchal des logis, commandant la brigade de gendarmerie d . . . . de commander . . . . . . faire . . . . . . se transporter . . . . arrêter . . . . etc. Et qu'il nous rende compte *(et qu'il nous fasse part, si c'est un officier)* de ce qui est par nous requis au nom de la loi. A . . . . le . . . . . 18 . . . *Le Commissaire de Police,* Sceau

(1) Cette formule peut aussi servir pour les réquisitions à adresser à l'armée ou à toute autre force publique.

Avec les agents de police.

Les agents de police se divisent en deux catégories : les agents de police et les gardiens de la paix ou sergents de ville.

Les premiers, inostensibles, sont chargés de la recherche des malfaiteurs, du service des mœurs et des services spéciaux ; les seconds, force publique, ostensibles, sont chargés de faire exécuter les lois et règlements de police et de veiller au maintien de l'ordre et de la sûreté publique,

Ces deux catégories d'agents sont placées sous les ordres de chefs désignés sous les dénominations d'inspecteurs ou brigadiers.

Les commissaires de police mettront tous leurs soins à connaître les agents placés sous leurs ordres ; ils signaleront ceux qui, par leur intelligence, leur zèle, leur conduite, paraîtraient dignes d'avancement.

Ils s'attacheront à obtenir une obéissance absolue aux ordres qu'ils donneront et ne devront jamais souffrir la plus légère insubordination.

Ils devront éviter avec eux toute familiarité qui pourrait compromettre leur dignité de magistrat et exigeront pour leur personne la plus grande déférence et le plus profond respect.

De leur côté, ils devront se montrer bienveillants envers leurs subalternes et n'emploieront jamais dans le commandement des termes grossiers.

Ils obligeront les agents de police à étudier les règlements locaux et ils chargeront les inspecteurs de les interroger fréquemment ; ils réprimanderont ceux qui leur seraient signalés. Si la mauvaise volonté était évidente, il y aurait lieu de provoquer leur révocation.

L'étude sommaire des lois est une chose indispensable : ils inviteront les agents à se pourvoir d'un petit manuel, et s'assureront qu'ils le lisent avec attention.

Nous engageons vivement les commissaires de police à laisser les agents dresser leurs rapports et leurs procès-verbaux, contrairement à l'usage établi qui laisse ce soin aux commissaires de police.

Divers arrêts de la cour de cassation, et notamment ceux en date des 17 décembre 1844 et 2 octobre 1847, ont décidé que les agents de police devaient être considérés comme des agents de la force publique lorsqu'il agissaient pour l'exécution des lois et règlements de police. Chaque jour les tribunaux correctionnels, jugeant des faits d'outrages aux agents de police, les considèrent comme des agents de la force publique. On ne saurait donc leur refuser le droit de constater par des procès-verbaux les actes qu'ils font. Que ces procès-verbaux ne soient admis qu'à titre de renseignements, cela importe peu à la chose. Quoi qu'il en soit, il n'en est pas moins vrai qu'ils peuvent, tout comme les gendarmes et les gardes champêtres, dresser des procès-verbaux lorsqu'ils arrêtent des individus surpris en flagrant délit de vagabondage, de mendicité, de rupture de ban, etc. Ces procès-verbaux sont alors remis au commissaire de police qui interroge à nouveau l'individu arrêté, et, s'il juge devoir le maintenir en état d'arrestation, vise le procès-verbal de l'agent et met le délinquant à la disposition du procureur de la République; cette manière de faire a pour avantage de simplifier le travail.

Qu'il s'agisse d'une contravention, l'agent procède de même. Son rapport est remis au commissaire de police, qui le transmet à son collègue chargé du ministère public.

Jusqu'ici les commissaires de police avaient été forcés de remédier au manque d'instruction de leurs subalternes en se faisant les secrétaires de leurs agents et de leurs gardes champêtres, et on ne prévoyait pas qu'en agissant ainsi on encourageait les municipalités à nommer, aux emplois d'agents et de gardes champêtres, des individus complétement illettrés qui devenaient plutôt embarrassants qu'utiles.

Il importe que les agents inférieurs de la police aient un certain degré d'instruction suffisant pour leur permettre de faire un rapport ou un procès-verbal.

En se procurant notre petit manuel de police, les agents y trouveront des formules pour tous les genres de procès-verbaux et de rapports, ce qui rendra leur tâche plus facile.

Nous insistons donc pour que cette manière de procéder soit adoptée : les commissaires de police en retireront un immense avantage et le service y gagnera bien certainement.

Le procès-verbal que fait le commissaire de police, sur le rapport de l'agent, n'a pas plus de valeur devant les tribunaux que le rapport même de l'agent ; si le prévenu conteste le fait, on est obligé de faire citer, non le rédacteur du procès-verbal, mais l'agent qui a fait la constatation. Pourquoi alors cette complication, alors qu'il serait si facile de simplifier les choses en soumettant au tribunal le rapport même de l'agent ?

Il est un autre motif qui plaide en faveur de notre innovation : c'est que, en obligeant les agents à rédiger eux-mêmes leurs rapports et leurs procès-verbaux, vous les forcez à étudier les principaux articles du Code pénal et les règlements locaux de police. En un mot, vous en faites des agents sérieux et instruits qui, au bout de quelque temps, pourront vous rendre de réels services.

Nous nous empressons pourtant de déclarer que, lorsqu'il s'agit de faits constatés par les agents de la sûreté, il y a lieu de procéder différemment. Ces agents, autant que possible, ne doivent pas être connus du public ; l'intérêt du service l'exige. Dans ce cas, les commissaires de police régularisent par leurs procès-verbaux les actes qu'ils font.

L'armement des agents doit aussi attirer l'attention des commissaires de police. S'il est inutile, lorsqu'il s'agit de constater une contravention, que les agents soient pourvus d'une arme quelconque, il importe que lorsqu'ils se trouvent en présence des malfaiteurs ou des fauteurs de désordre, ils soient armés d'une manière sérieuse.

Or, comme cela peut leur arriver à chaque instant, il y a lieu d'insister auprès de l'autorité pour que des armes leur soient données.

Ce n'est pas avec un bâton qu'on intimide les fauteurs de désordre ou qu'on arrête les malfaiteurs ! La gendarmerie n'est un corps si redoutable que parce qu'elle est armée de façon à surmonter tous les obstacles et à triompher des plus grands dangers.

Avec les gardes champêtres.

Aux termes de l'article 3 du décret du 28 mars 1852, les commissaires de police peuvent requérir les gardes champêtres de leur canton. Ces derniers doivent les informer de tout ce qui intéresse la tranquillité publique.

L'institution des gardes champêtres, il faut le reconnaître, ne répond qu'imparfaitement aux besoins de notre époque. Aussi le gouvernement s'est-il préoccupé à diverses reprises de la position de ces agents municipaux.

Les commissaires de police ne peuvent guère compter aujourd'hui sur le concours des gardes champêtres. Nés généralement dans la commune où ils exercent leurs fonctions, protégés quelquefois par deux ou trois personnes influentes de la localité, les gardes se considèrent comme indépendants et font tout pour se soustraire à la subordination qu'ils doivent aux commissaires de police.

C'est pourquoi nous engageons ces derniers à tenir la main à ce que les gardes champêtres les informent de tout ce qui intéresse la tranquillité publique, et, dans le cas où leurs ordres ne seraient pas fidèlement exécutés, à en donner avis au maire et au sous-préfet.

Avec les huissiers.

Lorsque les commissaires de police sont requis par les huissiers pour être présents à l'ouverture des portes et des meubles fermant à clef, en suite d'un procès verbal de saisie-exécution, la vacation ci-après leur est allouée :

A Paris......................... 5 fr.
Villes à tribunal de 1re instance.......... 3 fr. 75
Ailleurs .... 2 fr. 50

Toutes autres opérations faites sur la réquisition des huissiers donnent droit aux commissaires de police à une vacation fixée comme ci-dessus.

Avec les employés des contributions indirectes.

En cas de soupçon de fraude à l'égard des particuliers non sujets à l'exercice, les employés peuvent faire des visites dans l'intérieur de leurs habitations en se faisant assister du commissaire de police, lequel est tenu de déférer à la réquisition qui lui en est faite et qui doit être transcrite en tête du procès-verbal.

Ces visites ne peuvent avoir lieu que d'après l'ordre d'un employé supérieur, du grade de contrôleur au moins . Cet ordre doit être spécial et nominatif, et il doit être exhibé, tant au commissaire de police dont les employés requièrent l'assistance, qu'au particulier qui y est dénommé. — Cassation, 10 avril 1823.

Il en est de même pour la recherche, que font les employés du bureau de garantie, des faux poinçons, ouvrages qui en sont marqués, ou qui sont dépourvus des poinçons de l'Etat.

Dans chaque opération, il est dû une vacation de trois francs au commissaire de police.

Avec le public.

Une circulaire ministérielle en date du 6 décembre 1853 recommande aux commissaires de police de s'attacher à protéger les citoyens sans les vexer ; d'éviter les négligences et les écarts d'un zèle immodéré ou mal entendu ; de savoir tenir compte

des susceptibilités des populations et d'agir toujours avec pru-
dence et modération.

Organisation du commissariat.

S'il est une chose qui doit préoccuper avant tout le commissaire
de police, chef de service, c'est assurément l'organisation de ses
bureaux.

Jusqu'ici les commissaires de police ont été laissés à peu près
libres d'organiser, suivant leur manière de voir, l'intérieur de
leurs bureaux ; de là ce manque d'uniformité qui est constaté
dans le service de la police et qui, nous ne craignons pas de
l'avouer, nuit considérablement à la bonne expédition des affaires.

Il nous a paru utile de donner ci-après la nomenclature des
objets qui doivent se trouver dans un commissariat ; nous ne
prétendons pas, bien entendu, soulever la question de l'ameuble-
ment, qui n'est qu'une question secondaire que chacun saura
résoudre au point de vue de l'importance de la localité ; mais ce
que nous désirons, c'est de voir créer dans les commissariats des
archives uniformes qui permettront au premier commissaire de
police venu de se rendre compte immédiatement du service du
commissariat.

Chaque commissariat doit être pourvu des registres suivants :

A. Registre-journal.

B.   Id.   d'ordre.

C.   Id.   des crimes et délits.

D.   Id.   des contraventions.

E.   Id.   des signalements et des mandats de justice.

F.   Id.   des visas de livrets et passeports.

G.   Id.   des lieux publics.

H.   Id.   relevé des voyageurs.

I.   Id.   des filles soumises.

Un répertoire des condamnés en simple police.

Un répertoire des individus signalés.

Ci-après la manière dont ces registres doivent être établis :

A.

Registre-Journal.

Ce Registre est destiné à recevoir les déclarations sommaires du public et les notes journalières du Commissariat. On se sert d'un Registre en blanc sur lequel on inscrit au fur et à mesure, sous la date du jour, les déclarations et les notes.

B.

Registre d'Ordre.

N°· d'ordre.	DATE		Par qui envoyée ou à qui adressée.	ANALYSE DE LA PIÈCE	Suite donnée à l'affaire.
	du départ.	de l'arrivée.			

C.

Registre des Crimes et Délits.

N°· d'ordre.	DATE des procès-verbaux.	Par qui dressés.	NATURE du Crime ou du Délit.	LIEU où il a été commis.	Noms, prénoms, etc., des inculpés.	En liberté, en fuite, ou arrêtés.	OBSERVATIONS

— 38 —

D. **Registre des Contraventions** (1).

N° d'ordre.	DATE du procès-verbal ou rapport.	NOMS et qualités du Rédacteur.	NATURE de la contravention	CONTREVENANTS				NOMS des responsables.	DATE de l'avertissement	DATE de la citation.	DATE du jugement.	PÉNALITÉ		Dispositions appliquées.
				Noms et prénoms.	Age.	Profession	Domicile.					Amende.	Prison.	

(1) Comme complément à ce Registre il est urgent d'avoir un Répertoire afin de connaître immédiatement la situation du contrevenant par rapport à la récidive.

E. **Registre des Signalements et Mandats de Justice** (1).

N°s D'ORDRE.	DATE.	Par qui décernés.	COPIE DES MANDATS OU SIGNALEMENTS.	RÉSULTATS des recherches.	DATE du renvoi.	OBSERVATIONS.

(1) Un Répertoire est aussi indispensable pour la bonne tenue du Registre des signalements. — Avec un Répertoire il est facile de s'assurer chaque jour, en consultant le Registre—relevé des voyageurs, si des individus signalés n'ont pas passé la nuit dans les hôtels et auberges de la ville.

Registre des visas de Livrets et Passeports (1).

N^{os} d'ordre.	Noms et prénoms.	Age.	Profession.	LIEU de naissance.	Date et lieu de la délivrance du livret ou passeport.	Date et dernier visa du livret ou passeport.	DATE du nouveau visa.	Destination.	Livret ou passeport.	OBSERVATIONS.

(1) Les Commissaires de Police ne peuvent viser les livrets d'ouvriers ou les passeports qu'en vertu d'une délégation du préfet ou du maire. Différemment ils n'ont pas qualité.

Un livret ne peut être visé si l'ouvrier a interrompu l'exercice de sa profession ou s'il s'est écoulé plus d'une année depuis le dernier certificat de sortie inscrit sur le livret (D. 30 avril 1855, art. 12).

Le visa doit toujours indiquer une destination fixe et ne vaut que pour cette destination (D. art. 11). — V. *Livrets d'ouvriers.*

G   **Registre des Lieux publics (1).**

N°° d'ordre.	NOMS et prénoms.	DEMEURE.	CAFÉS.	CABARETS.	DÉBITS de boissons.	DATE des autorisations.	MUTATIONS.	DATE ET MOTIFS des condamnations.	OBSERVATIONS.

(1) Une partie de ce registre, réservée à l'inscription des établissements ouverts en exécution du décret du 29 décembre 1851, doit être établie comme ci-dessus ; l'autre partie, qui sert à inscrire les établissements non soumis à l'autorisation préfectorale, tels que les hôtels, les auberges, les garnis, les bals publics, les restaurants et les maisons de prostitution, doit être établie comme ci-après.

N°° d'ordre.	NOMS et prénoms.	DEMEURE.	HOTELS.	AUBERGES.	GARNIS.	Bals publics.	Restaurans.	MAISONS de prostitution.	Date des autorisations ou des déclarations.	MUTATIONS.	Condamnations. — Date et motifs	OBSERVATIONS.

H. Relevé des voyageurs (1).

NOMS et prénoms.	AGE.	QUALITÉ ou profession.	LIEU de naissance.	DOMICILE habituel.	Papiers dont ils sont porteurs.	NOMS des logeurs.	DATE du passage.	OBSERVATIONS.

(1) La tenue de ce registre a une grande importance pour le service de la police de sûreté. — En consultant le répertoire du registre des signalements il est facile de voir si des individus signalés ont passé la nuit dans les hôtels ou auberges de la ville. Cette opération doit être faite tous les jours sans exception.

L.   Registre des filles soumises.

Numéros d'ordre.	NOMS, PRÉNOMS et surnoms.	DOMICILE.	DATE DE L'INSCRIPTION.	SIGNALEMENT	MUTATIONS.
484	DUPLAN Marie, dite Zoé.	rue de l'Arbre, 7, (en numéro).	25 avril 1876.	Photographie. Taille.... 1 m. 54. Cheveux.. blonds. Teint.... pâle. Signes particuliers............. Néant.	rue Ganay, 8. — rue St-George, 46 — rue Monge, 12. —
485	OLIVE Julie.	rue Fresque, 16, (en carte).	27 avril 1876 (d'office) (1).	Photographie. Taille.... 1 m. 50. Cheveux.. noirs. Teint..... coloré. Signes particuliers : Une verrue sur la lèvre supérieure.	partie le 1er juin 1876 pour Alger

(1) Lorsque l'inscription a lieu en vertu d'un arrêté, il faut avoir soin de le mentionner par ces mots : *d'office.*

— 45 —

En outre des registres ci-dessus, chaque commissariat doit posséder les cartons ci-après pour le classement des pièces et documents ; ces cartons font l'objet de trois divisions ainsi établies : 1° *Police administrative* ; 2° *Police municipale* ; et 3° *Police judiciaire.*

Chaque carton doit renfermer des liasses dans lesquelles les pièces et documents sont placés par ordre.

Ci-après la nomenclature des liasses qui nous paraissent indispensables :

Police administrative

- Accidents. — Actes de courage.
- Affaires politiques et confidentielles.
- Agriculture.
- Aliénés.
- Arrétés préfectoraux.
- Colportage.
- Commerce et industrie.
- Débits de boissons.
- Elections.
- Etablissements insalubres.
- Expulsés.
- Grande voirie.
- Imprimerie, librairie.
- Institutions de bienfaisance.
- Instructions sur le service.
- Objets perdus et trouvés.
- Personnel.
- Réfugiés étrangers.
- Secours. — Demandes.
- Surveillance légale.
- Transports de corps.
- Travail des enfants.

Police municipale

- Abattoir.
- Arrétés municipaux.
- Balayage.
- Bals publics. — Théâtres.
- Boucherie, boulangerie.
- Bureaux de placement.
- Commissionnaires.
- Constructions, démolitions.
- Exhumations.
- Hôtels et garnis.
- Marchés, foires.
- Passeports, livrets.
- Petite voirie.
- Prostitution.
- Renseignements divers.

Police **judiciaire**	Juge d'instruction. Mandements de justice : signalements. Ministère public près le tribunal de simple police. Procureur de la République.

Il doit y avoir aussi dans chaque commissariat de police :

1° Un plan de la ville, s'il en existe un ;

2° Une carte du département ;

3° Un dictionnaire géographique ;

4° Un exemplaire des Codes français, format in-8°.

On comprendra sans peine l'utilité de ces derniers objets, utilité tellement incontestable qu'il serait à désirer que tout commissariat qui en est dépourvu fût obligé de s'en pourvoir immédiatement. La dépense serait de peu d'importance et pourrait être mise à la charge des départements ou des communes. Ces objets feraient alors partie des archives et chaque titulaire en serait responsable.

En terminant ce chapitre, nous engageons vivement les commissaires de police à placer leur bureau de façon à ne jamais tourner le dos au public. Il est toujours bon d'avoir en face de soi les personnes que l'on interroge ou qui vous font des communications.

Un commissaire de police ne doit jamais être pris au dépourvu; il faut qu'il puisse juger, à la manière dont elle se présentera, la personne avec qui il va avoir à faire.

L'étude de la physionomie est une excellente chose : elle permet au magistrat de se rendre compte du plus ou moins de sincérité de la personne et du cas que l'on doit faire des faits dont elle vient vous entretenir ; c'est pourquoi nous insistons pour que le commissaire de police ait son bureau placé de telle façon qu'il ne soit pas obligé de se retourner lorsque quelqu'un entrera dans son cabinet.

Congés.

Aux termes de l'article 37 du règlement arrêté par M. le Ministre de la police générale le 30 avril 1853, le droit d'accorder des congés aux commissaires de police était réservé au ministre, et ce n'était que dans les cas d'urgence, et à la condition d'en rendre compte, que les préfets pouvaient autoriser des absences de cinq jours au plus.

Par une circulaire en date du 15 avril 1854, M. le Ministre a modifié ce règlement et a décidé que les préfets peuvent accorder aux commissaires de police des congés au-dessous de quinze jours, à la condition de lui en donner avis.

Le Ministre s'est réservé de statuer sur les congés d'une plus longue durée ou sur les prolongations de congé qui entraîneraient une absence totale de plus de quatorze jours.

Les demandes de congés doivent toujours être adressées par la voie hiérarchique, et les motifs sur lequels s'appuient les demandes doivent être indiqués.

Intérim.

Dans les communes où il existe plusieurs commissaires de police, et divisées en plusieurs arrondissements, le préfet désigne, directement s'il s'agit du chef-lieu, sur la proposition du sous-préfet et l'avis du maire s'il s'agit d'une ville située dans un autre arrondissement, le commissaire de police qui doit suppléer le fonctionnaire absent ou empêché.

Dans une commune qui n'a qu'un commissaire de police, le maire ou son adjoint en remplit les fonctions pendant la durée de l'empêchement. Dans ce cas le préfet s'abstient de toute désignation ; il se borne à prévenir officiellement le maire, tant de la commune où est établi le chef-lieu du commissariat que des différentes communes de la circonscription, qu'ils sont investis, chacun en ce qui les concerne, des attributions et des devoirs appartenant au commissaire de police pendant la durée de l'empêchement ou de la vacance (cir. int., 16 février 1835).

Préséances.

Le décret du 24 messidor an XII, art. 8. règle la marche des corps dans les cérémonies publiques dans l'ordre suivant : les membres de la Cour d'appel, les Officiers de l'état-major de la division, non compris deux aides de camp du général qui le suivent immédiatem ent, les Conseils de préfecture, non compris le Secrétaire général qui accompagne le Préfet, les membres des Tribunaux de première instance, le corps Municipal, les officiers de l'état-major de la Place, les membres du Tribunal de commerce, les Juges de Paix, *les Commissaires de Police.*

Aucune des autres administrations n'a de place légale dans les cérémonies publiques ; mais, comme ces administrations y sont ordinairement invitées et y assistent, une place doit leur être assignée après les corps ci-dessus désignés.

Les prérogatives dont il est ici question sont des honneurs attribués à la dignité, au corps ou au grade, et il est spécialement défendu d'en exiger ou rendre au-delà de ce que le décret prescrit.

Il est d'usage que les Juges de Paix, imitant en cela l'exemple des Cours et Tribunaux, se fassent précéder de leurs huissiers et suivre par leurs greffiers ; cette modification au décret de messidor est autorisée par une décision ministérielle en date du 16 octobre 1867.

Lorsqu'il existe un commissaire central dans la localité, il marche à la tête des commissaires de police, ayant à sa droite et à sa gauche les deux plus anciens commissaires ; les autres suivent par ordre d'ancienneté.

Visites à rendre.

A leur arrivée dans leur résidence, les commissaires de police doivent faire, dans les vingt-quatre heures, visite aux autorités dénommées avant eux dans l'ordre des préséances, savoir:

1° Le général commandant le corps d'armée.

2° Le premier Président.

3° Le Procureur général.

4° L'Archevêque.

5° Le Préfet et le Secrétaire Général.

6° Le Général commandant le département.

7° Le Président du Tribunal civil.

8° Le Procureur de la République et le Juge d'Instruction.

9° Le Président du Tribunal de commerce.

10° Le Maire et les Adjoints.

11° Le Recteur d'Académie.

12° L'officier commandant la gendarmerie.

13° Le Commandant de Place.

14° Les Juges de Paix.

15° Le Commissaire Central.

Pour les autres fonctionnaires, il est d'usage d'envoyer ou de faire déposer sa carte.

Personnel.

Le personnel des commissariats de police se compose de secrétaires, d'inspecteurs et agents de police, de gardiens de la paix ou sergents de ville et de gardes champêtres.

Les secrétaires sont chargés de l'expédition de la correspondance et du classement des papiers et documents du commissariat. En outre, lorsque les commissaires de police sont absents, ils reçoivent les réclamations et les plaintes du public, qu'ils portent ensuite à la connaissance de ces magistrats.

Ils ne peuvent jamais remplacer les commissaires de police et n'ont aucune qualité pour se livrer à des opérations judiciaires ou pour faire des actes ressortissant des attributions de ces derniers.

Une discrétion absolue doit être exigée de la part des secrétaires.

Les inspecteurs sont chargés, sous les ordres des commissaires centraux ou des commissaires de police, chefs de service, de la surveillance et du contrôle des agents de police, gardiens de la paix ou sergents de ville.

Chaque jour, les inspecteurs doivent remettre à leur chef de service un rapport détaillé sur le service de la veille. — Voir *petit Manuel « Inspecteur »*.

Les agents de police sont chargés spécialement de la surveillance des voitures publiques ; de la recherche, surveillance et capture des malfaiteurs, condamnés libérés en rupture de ban ; de la surveillance des maisons et hôtels garnis, des affaires politiques, de la librairie, de la recherche dans l'intérêt des familles, et enfin de la surveillance des maisons de prostitution, des filles soumises ou insoumises.

Il est essentiel que ces divers services marchent ensemble et obéissent à la même impulsion. Différemment, on s'exposerait à n'obtenir que des résultats insignifiants.

S'agit-il d'un malfaiteur dangereux à rechercher, il faut que les recherches soient générales. — Si le service, dit de la sûreté, s'en occupe seul, il est à craindre qu'il ne réussisse pas. Chargez-en le service des voitures publiques, le service des garnis, le service des mœurs, et vous verrez quel avantage vous en retirerez. La spécialité est nécessaire, il est vrai, mais il ne faut en user que lorsque des raisons majeures vous y obligent.

Les gardiens de la paix ou sergents de ville doivent être chargés de la surveillance exclusive d'un espace très circonscrit : ils doivent le parcourir constamment et en connaître à fond la population et les habitudes ; être toujours prêts à donner leur appui à quiconque le réclame, et, par leurs allées et venues continuelles, ne laisser aux malfaiteurs le loisir ni de consommer, ni même de préparer sur place leurs coupables projets.

Il est important de désigner aux agents et aux gardiens de la paix les quartiers dans lesquels ils doivent loger ; ils ne faut jamais les laisser habiter en dehors de la circonscription qu'ils sont chargés de surveiller. De cette manière, ils arrivent, non-seulement à connaître à fond la population de leur quartier respectif ; mais, en cas d'événement grave, on peut être sûr de trouver sur les lieux un certain nombre d'hommes que l'on serait obligé différemment d'envoyer chercher à des distances parfois très éloignées.

Les conditions à exiger pour être admis dans le personnel de la police sont :

1° Avoir au minimum la taille de 1 m. 66 c. ;

2° Savoir lire et écrire et être, autant que possible, en état de rédiger un rapport.

3° Être âgé de 25 ans au moins et de 35 ans au plus ;

4° Être reconnu apte au service par le médecin de l'administration.

Les gardiens de la paix ou sergents de ville reçoivent, sur les fonds de police, des effets d'habillement et d'équipement.

Tout gardien ou sergent qui quitte le service par démission, révocation ou autrement, est tenu de restituer le sabre ou l'épée qui lui ont été confiés. Il remet aussi la partie des effets d'habillement qui n'a pas achevé la durée règlementaire.

Chaque agent ou garde, à son entrée dans le personnel, est inscrit sur une feuille matricale pareille aux modèles ci-après.

Matricule des Agents de police et Gardiens de la paix.

N°   Matricule :

Nom et prénoms.
Date et lieu de naissance
Noms du père et de la mère.
Célibataire, marié ou veuf.
Noms de la femme.
Nombre d'enfants.
Date de son entrée au service.

Services avant son entrée dans l'administration	Positions dans l'administration

Notes :

Punitions :

HABILLEMENT | Armement | I°°

	18	18	18	18	18	18	18	18	18	18	18	18	18	18
Képi............														
Capote ou tunique.														
Manteau..........														
Pantalon de drap..														
Pantalon de toile..														
Chaussures.......														
Cols et gants ...														
Durée des effets *..														

* La durée des effets est ordinairement fixée ainsi qu'il suit : capote 18 mois;
deux pantalons de drap, 1 an; un pantalon de coutil, 1 an ; un képy, 1 an;
deux paires cols et gants, 1 an; deux paires chaussures, 1 an.

Matricule des Gardes champêtres.

N°   Matricule :

Nom et prénoms.
Date et lieu de naissance.
Noms du père et de la mère.
Célibataire, marié ou veuf.
Noms de la femme.
Nombre d'enfants.
Date de son entrée au service.

Services avant son entrée dans l'administration.

Armement :

Notes.

Punitions.

Correspondance.

La correspondance des fonctionnaires publics, par la voie de la poste, est assujettie à diverses formalités prescrites par l'ordonnance royale des 17 novembre 1er décembre 1844.

Pour être admise en franchise, la dépêche doit être revêtue du contre-seing de l'envoyeur.

Le contre-seing consiste dans la désignation des fonctions, suivie de la signature.

Tous les fonctionnaires sont tenus d'apposer de leur main, sur l'adresse des lettres et paquets qu'ils expédient, leur signature au-dessous de la désignation de leurs fonctions.

Les lettres et paquets s'expédient de deux manières :

1° Par lettres fermées ;

2° Sous bandes.

Lorsqu'une dépêche est expédiée sous enveloppe fermée, il y a lieu de mettre au-dessus du contre-seing : *nécessité de fermer*.

Les lettres et paquets contre-signés, qui seront mis sous bandes, ne pourront être reçus ni expédiés en franchise, lorsque la largeur des bandes excèdera le tiers de la surface de ces lettres ou paquets.

Les bandes fermant les lettres ou paquets ne doivent adhérer entre elles qu'au verso de la dépêche et à l'endroit où elle est cachetée.

Nous donnons ci-après des modèles de dépêches mises sous bandes ou sous-enveloppe.

Sous bandes.

Monsieur

Monsieur le.....

Le Com.. de Police
de.........

(signature.)

d ....

(dépar.)

Sous enveloppe.

— Nº 1 —

Nécessité de fermer.   SERVICE DE LA POLICE

Le Com.. de Police
d..........,

(signature).

Monsieur

Monsieur le......

d..........

(départ.)

— Nº 2 —

Cachet.

Franchises.

Postes. — Le tableau ci-après des franchises accordées aux Commissaires de Police est loin de répondre aux besoins du service ; il serait à désirer que des améliorations y soient apportées. Les Commissaires de Police devraient être autorisés à correspon-

dre entre eux, sous bandes, dans toute l'étendue du territoire de
la République.

Tableau des franchises des Commissaires de Police.

Commandants {	Des brigades de gendarmerie...............	S. B*	Arrondissement
	Des régions militaires...	S. B	Rég. milit.
	Des subdivisions de régions militaires......	S. B	Subdiv.
Commissaires {	Extraordinaires du gouvernement	S. B	Dép.
	De police sans acception de qualité...........	S. B*	Dép. et limitr.
	Spéciaux de police......	S. B	Arr. et parc. du chem. de fer.
Directeur de la colonie publique de la Motte-Breuvron		S. B	
Directeurs { des Dépôts de prisonniers {	De Port-Louis (Morbihan)...	S. B	
	De Quélern (Finistère)...	S. B	
	De l'île d'Aix (Ch.-Inf.).....	S. B	
	De l'île d'Oléron (Ch.-Inf.)..	S. B	
Directeurs des maisons de force et de correction....................		S. B	T. la Rép.
Gardes champêtres....................			Arr. cant.
Inspecteurs des forêts....................		S. B*	Cons. for.
Juges d'instruction...........		S. B*	Arrondissement
Juges de paix....................		S. B*	Arr. cant. et S.-P.
Maires		S. B*	Arr. cant.
Officiers de gendarmerie...............		S. B*	Arrondissement
Préfets....................		S. B*	Dép.
Premiers Présidents des Cours d'appel....		S. B*	C. App.
Présidents {	Des colléges électoraux....	S. B	Arr. S.-P.
	Des Cours d'assises........	S. B*	Lieu des assises et résidence du président.
Procureurs {	Généraux....................	L. F	C. App.
	De la République..........	L. F	Arrondissement
	Près les Cours d'assises....	L. F	Dép.
Sous-Préfets....................		S. B	Arrondis.
Receveurs de l'enregistrement, du timbre et des domaines		S. B*	Canton et Sous-Préfect.

Extrait du Manuel des Postes — 1876. —

S. B* sous bandes avec faculté de fermer en cas de nécessité.

Les Commissaires de Police ne peuvent faire jeter leurs lettres de service dans les boîtes de l'administration ; ils doivent les faire déposer au guichet du bureau de poste.

Les Commissaires de police ne sont pas compris dans le nombre des fonctionnaires qui ont le droit de faire retirer leur correspondance au bureau.

Pourtant, lorsque dans une localité, les directeurs sont autorisés à faire, au guichet de leur bureau, une distribution de lettres en faveur des négociants, les Commissaires de Police peuvent réclamer le même avantage, à titre gratuit, mais seulement pour leur correspondance administrative.

Il résulte d'une décision du Ministre des Finances, en date du 13 juin 1851, que les fonctionnaires ayant leur résidence dans la même ville, Paris excepté, ne sont pas admis à correspondre entre eux en franchise.

Lorsqu'une dépêche, revêtue d'un contre-seing quelconque et qui a été taxée, a été refusée par le fonctionnaire destinataire, le directeur des postes doit, dans les vingt-quatre heures du refus d'acquitter la taxe, adresser au fonctionnaire un premier avertissement à l'effet de provoquer l'ouverture et la vérification du contenu de la dépêche refusée.

Un second avertissement est envoyé vingt-quatre heures après le premier ; et, s'il reste encore sans effet, le directeur des postes prend les ordres de son administration.

Ces délais sont doubles pour les fonctionnaires qui résident dans les communes rurales. *Ord. du 9 nov. 1844.*

Télégraphe — Les Commissaires de Police n'ont pas qualité pour réquérir la transmission gratuite d'une dépêche, si cette dépêche n'est préalablement revêtue du visa de l'autorité dont ils relèvent.

L'ordre de répondre par télégraphe équivaut au visa.

Nous ne pouvons que regretter que la franchise télégraphique ne soit pas accordée aux Commissaires de Police d'un même département et des départements limitrophes.

L'intérêt du service de la police judiciaire exigerait que cette facilité leur soit accordée dans les cas urgents.

Des formes de la correspondance.

La correspondance des commissaires de police avec les autorités a lieu sous deux formes : 1° par lettres ; 2° par rapports:

Le format le plus en usage pour les lettres est la coquille vélin in-4° double, de 27 centimètres sur 21.

Nous engageons vivement les commissaires de police à se servir de ce format ; c'est le seul convenable, lorsqu'on s'adresse aux préfets, procureurs et maires.

Lorsqu'on s'adresse à un fonctionnaire de même rang, on emploie la coquille vélin in-8° double, de 22 centimètres sur 13.

Les rapports doivent être établis sur papier couronne double, de 29 centimètres sur 19.

Nous donnons ci-après des modèles de tête de lettre et de rapport.

Lettre

VILLE D'AVIGNON
(Vaucluse)

Avignon, le   18

COMMISSARIAT
de
POLICE

MONSIEUR LE

2º ARRONDISSEMENT (1)

Nº

J'ai l'honneur, etc.,

SOMMAIRE

Daignez agréer, Monsieur le
l'hommage de mon profond respect,

Le Commissaire de Police,

(Sceau)

A Monsieur le

(1) Lorsqu'il n'y a pas plusieurs commissaires de police dans la localité, on supprime la mention de l'arrondissement.

Lorsqu'on s'adresse à des fonctionnaires de même rang, la formule de salutation est établie ainsi qu'il suit :

Veuillez agréer, Monsieur,
l'assurance de ma considération distinguée,

Le commissaire de police,

A des collègues :

Agréez, Monsieur et cher collègue,
l'assurance de mes meilleurs sentiments,

Le commissaire de police,

A des inférieurs :

Recevez, Monsieur,
l'assurance de ma considération très distinguée,

Le commissaire de police,

Toute lettre ne doit traiter que d'une seule et même affaire ; lorsqu'elle accompagne plusieurs pièces, il est essentiel de porter, en marge de la lettre, par un chiffre entre deux barres obliques, le nombre des pièces jointes, afin de faciliter la vérification des dossiers.

Rapport.

La forme des rapports, adressés par les commissaires de police, a été établie ainsi qu'il suit par une circulaire ministérielle, en date du 24 septembre 1862.

VILLE de RIVESALTES (Pyrénées-Orientales) —— **COMMISSARIAT** DE POLICE —— N°	**Rapport** —— Le Commissaire de Police soussigné rend compte du fait suivant :

Rivesaltes, le   18

Le commissaire de police,

(Sceau)

A Monsieur le   de

Les commissaires de police doivent employer les rapports le plus fréquemment possible. Ils ne doivent se servir de lettres que pour des objets déterminés, et lorsque le fait, dont on voudra entretenir le préfet, le procureur ou le maire, ne se prêtera pas à la forme du rapport.

Lorsqu'il s'agit de renseignements à fournir, il y a lieu de se servir de *la note de police*, qui doit être établie comme ci-après sur coquille vélin in-4° simple, de 27 centimètres sur 21.

VILLE DU VIGAN
    (Gard)

Police générale.

COMMISSARIAT
DE POLICE

Réponse aux renseignements demandés par
Monsieur le   dans sa

N°

Le Vigan, le   18

Le Commissaire de Police,

(Sceau)

Timbre - cachet.

Une circulaire ministérielle, en date du 18 mars 1853, prescrit aux commissaires de police d'apposer leur timbre-cachet sur tous les actes ressortissant à leurs fonctions.

Le type adopté porte, en haut de l'exergue, le nom de la circonscription du commissariat, en bas, le nom du département, et sur le champ du cachet, ces mots : *commissaire de police*, ou, suivant le cas, *commissaire central* ou *commissaire spécial.*

Une autre circulaire, en date du 12 mars 1856, interdit aux commissaires de police la substitution de la griffe à la signature.

Rapports journaliers — Rapports hebdomadaires — Rapports mensuels.

Les commissaires de police, chefs de service, sont tenus d'adresser, chaque jour, un rapport au maire.

Ce rapport est établi ainsi qu'il suit :

VILLE d.	**Rapport journalier**
COMMISSARIAT de POLICE	du. . . . . .au. . . . . .18. . . .

Observations sur le personnel attaché au Commissariat.

Etat nominatif des individus arrêtés dans les 24 heures

NOMS ET PRÉNOMS	Age	PROFESSION	DOMICILE	Motifs de l'arrestation	HEURE	
					mat.	soir.

Théâtre ( ).

Commissaire de police, M. . . . . . .

Programme du spectacle :

Recette :

Lever du rideau :

Fin du spectacle :

OBSERVATIONS

Permanence (1)

Commissaire de police de service : M.
Individus arrêtés :
Individus relâchés :

Observations :

Crimes et Délits	
Contraventions	
Événements Faits divers	

Le Commissaire de Police ,

(1) Dans les villes où la permanence n'est pas établie, il n'y a qu'à supprimer ce passage.

VILLE d. . . . . . .

COMMISSARIAT
de
POLICE

Rapport hebdomadaire

Le Commissaire de Police soussigné a l'honneur d'exposer à Monsieur le
les faits suivants :

A. . . . . le. . . . . 18. . . . . .

Le Commissaire de Police.

Le rapport mensuel est établi sur format pot, dit écolier, ainsi qu'il suit :

Commissariat de Police................ **RAPPORT**   **MENSUEL**   Ville d..............

SITUATION POLITIQUE		SITUATION MORALE	SITUATION ADMINISTRATIVE		SITUATION ÉCONOMIQUE ET MATÉRIELLE.
Esprit des populations.		Clergé, son attitude, son influence.	Attitude des divers fonctionnaires.		Commerce et industrie.
					Situation des ouvriers, salaires, grèves, chômages.
		Cultes non catholiques.	Travaux départementaux et communaux.		Agriculture.
Attitude des divers partis politiques.					
		Moralité publique.	Extinction de la mendicité.		Apparence des récoltes.
					Prix des denrées alimentaires.
Propos séditieux et fausses nouvelles.		Débits de boissons.	Institutions de bienfaisance.		Faits divers, épidémies, épizooties, incendies, etc

A . . . . le 187   Le Commissaire de Police,

VILLE de..... Etat des procès-verbaux judiciaires rédigés pendant le mois de..... COMMISSARIAT DE POLICE.

N° d'ordre.	Noms et prénoms.	Age.	Profession.	Domicile.	Lieux de naissance.		Date.	Nature des Crimes et Délits.	Lieux où ils ont été commis.	Noms et prénoms des personnes au préjudice des-quelles le délit a été commis.	Demeure.	Observations.
					Commune.	Département.						

RÉCAPITULATION

	Nombre
Infanticide	1
Rupture de ban	8
Vagabondage	20
Total	

le

18

LE COMMISSAIRE DE POLICE,

COMMISSARIAT DE POLICE.

VILLE d........

ETAT NOMINATIF

Des individus soumis à la surveillance légale pendant le mois de.........18

N° d'ordre	Noms et Prénoms.	Date et lieu de la naissance.	Profession.	Demeure.	Célibataire.	Marié.	Veuf.	Nombre d'enfants.	Durée de la surveillance.	Position légale.	Observations:

— 69 —

le   18

Le Commissaire de Police,

En outre des états ci-dessus, les Commissaires de Police, dans certaines localités, sont appelés à fournir mensuellement un état nominatif des débitants de boissons existant dans leur circonscription. — Cet état est dressé sur le modèle du registre G.

CERTIFICATS.

Nous avons placés ci-après tous les certificats que les commissaires de police peuvent être appelés à délivrer. Bien que quelques-uns ne soient en usage que dans les grandes villes, nous avons cru bien faire de les donner.

Nous ne saurions trop engager les commissaires de police à être très circonspects dans la délivrance des certificats; il y a lieu de s'entourer des renseignements les plus complets, de façon à ne les délivrer qu'à bon escient.

Le format des certificats doit être au moins de 22 centimètres sur 17.

VILLE d. . . . . . .

COMMISSARIAT
DE POLICE

Objet

CERTIFICAT
pour faire admettre
à titre gratuit ,
un enfant
aux écoles communales:

Police générale

Nous, commissaire de police :

Vu l'extrait des rôles des contributions ci-annexé ;

Vu les renseignements que nous avons recueillis ;

Certifions que le nommé. . . . . domicilié rue. . . . ., n°. . . . ., n'a pas le moyen de faire instruire son enfant dans les écoles non gratuites.

. . . . le. . . . . 18. . . . .

(Signature).

VILLE D......

COMMISSARIAT
DE
POLICE

N°

CERTIFICAT de
bonne conduite pour
un employé qui se
retire de la police.

Police générale.

Nous N............., Commissaire de
Police de la Ville d............

Certifions que depuis le 1er avril 1860, jusqu'au 25 mars 1873, le sieur MARTIN ETIENNE, âgé de 32 ans, natif de Pernes (Vaucluse), a été employé comme sergent de ville et brigadier.

Nous certifions en outre qu'aucune plainte n'a été portée contre lui ; qu'il a rempli tous ses devoirs avec zèle et dévouement, et que c'est volontairement qu'il a quitté ses fonctions, au grand regret de ses supérieurs qui auraient désiré le conserver dans son emploi.

En foi de quoi, le présent certificat lui a été délivré pour lui servir et valoir ce que de droit.

A .... le .... 18..

Le Commissaire de Police,

VILLE D......

COMMISSARIAT
DE
POLICE

OBJET

CERTIFICAT

De domicile pour
une personne qui dé-
sire contracter ma-
riage.

(*Papier timbré.*)

Police générale.

Le Commissaire de Police de la ville de . ...
sur l'attestation des sieurs.'...... (2 témoins),

Certifie que le nommé .... âgé de ....
profession de ....
domicilié rue .... n° ... habite la localité.... depuis plus de six mois.

En foi de quoi, le présent lui a été délivré
pour lui servir et valoir ce que de droit.

.... le .... 18...

VILLE D......

COMMISSARIAT
DE
POLICE

OBJET

CERTIFICAT
d'admission
A L'HOPITAL

Police générale.

Le Commissaire de Police de la ville de ....
. . . .

Certifie d'après les renseignements recueillis
que l nommé............... âgé de ....
profession de .... natif de..........
célibataire, époux ou veuf................
fils de............. et de ....
père ou mère de .... enfant , demeure
rue .... n° ..... depuis.........
et ne peut rien payer (*ou peut payer la somme
de*...... *francs*) pour son admission dans les
hospices civils.

.... le .... 18.....

VILLE D......	**Police générale.**
COMMISSARIAT DE POLICE	
OBJET	
CERTIFICAT constatant la perte d'une reconnaissance du Mont-de-Piété	Le Commissaire de police de..... .... Certifie que le sieur..................... âgé de.......... profession de........... domicilié rue........... n°..... a fait la déclaration attestée par les témoins soussignés qu'il a perdu la reconnaissance du Mont-de-Piété n°...... .... le .... 18 .... *(Signatures des témoins).*

VILLE D. . . . . .

COMMISSARIAT
DE
POLICE

OBJET

CERTIFICAT
pour une fille mère
qui désire .
placer son enfant
nouveau-né
A L'HOSPICE.

Police générale.

Le Commissaire de police de la ville de. . . .
. . . .

Certifie que la nommée. . . . .
fille mère de. . . . .
lui a déclaré être dans l'intention de placer son
enfant nouveau-né à l'Hospice des enfants assis-
tés, et atteste qu'elle est dans l'indigence et
qu'elle ne pourrait pas, même à l'aide d'un secours, élever son enfant.

. . . . le . . . . 18. . .

VILLE D. . . . . . .

COMMISSARIAT
DE
POLICE

OBJET

CERTIFICAT
pour un garçon
ou une
femme de chambre
qui demande
à s'embarquer.

Police générale.

Le Commissaire de police de la ville de....
. . . .
Certifie que rien ne s'oppose à ce que le sieur
. . . . âgé de . . . .
né à . . . . domicilié à . . . .
rue . . . . n° . . . . s'embarque en
qualité de . . . . sur le paquebot . . . .
capitaine . . . . en partance pour . . . .

. . . . le . . . . 18...

VILLE D. . . . . . .

COMMISSARIAT

DE

POLICE

OBJET

CERTIFICAT

pour

obtenir l'admission

d'un

enfant nouveau-né

à l'Hospice.

Police générale.

Le Commissaire de police de la ville de....

....

Certifie que la nommée..............

âgée de .... profession de ....

née le . ... à .... domiciliée

rue .... n°...... accouchée par les

soins de Madame .... domiciliée rue

.... n°..... a déclaré qu'elle était

dans l'intention de solliciter l'admission de son

enfant à l'Hospice par l'intermédiaire de Ma-

dame .... accoucheuse.

(Signature de la déclarante).

.... le .... 18....

VILLE D........

COMMISSARIAT
DE
POLICE

OBJET

CERTIFICAT
pour l'admission
d'une fille enceinte
à la Maternité.

Police générale.

Le commissaire de police de la ville de.....
....
Certifie que la nommée...................
âgée de........... profession de...........
domiciliée rue........... n°.... fille se disant
enceinte de plus de..... mois, qui demande à
entrer à l'hospice de la Maternité pour y faire
couches, est dans l'indigence.

............le...............18.. ....

VILLE D........	**Police générale.**
COMMISSARIAT	
DE	
POLICE	
OBJET	
CERTIFICAT	
pour	
un militaire en congé	
qui va rejoindre	
son corps.	

Le commissaire de police de la ville de.....

....

Certifie que le sieur....................
(grade) au (nº *du régiment*) en garnison à ....
en congé de.... à....... a demeuré chez ses
parents, rue........ nº.... depuis le.......
jusqu'à ce jour, et que, pendant ce temps, sa
conduite a été bonne.

En foi de quoi, le présent certificat a été délivré au sieur............. sur sa demande.

.... le................ 18.....

VILLE D......

COMMISSARIAT
de
POLICE

OBJET

CERTIFICAT
de résidence

Police générale.

Le Commissaire de Police de la ville d......

....

Certifie sous la responsabilité des témoins sous-signés que le nommé ....

....

est domicilié à..........et y demeure rue...

numéro...

............le.............18.....

VILLE D......

COMMISSARIAT
DE
POLICE

OBJET

CERTIFICAT
pour un militaire
qui demande
une
prolongation
de
permission

Police générale.

Le Commissaire de Police de la ville de......
....

Atteste qu'il est à sa connaissance personnelle
que le sieur...
militaire en permission de   jours qui finit
le... de ce mois, aurait besoin d'une prolongation de... jours pour terminer un arrangement
de famille avec les parents, chez lesquels il passe
le temps qui lui est accordé rue....n°

.................le............18.....

G

Police générale.

VILLE D......

COMMISSARIAT DE POLICE

OBJET

CERTIFICAT pour l'obtention d'un passeport avec secours de route à un jeune soldat allant au conseil de révision

Le commissaire de police de la ville de......

Certifie qu'il y a lieu de délivrer un passeport, avec secours de route, au nommé ...... domicilié rue ...... nº ...... qui se rend à ...... son pays natal, pour y passer le conseil de révision.

Le sieur ...... est dans l'indigence et digne de toute la sollicitude de l'autorité supérieure.

...... le ...... 18......

VILLE D......

COMMISSARIAT
DE
POLICE

OBJET

CERTIFICAT
pour obtenir
un livret d'ouvrier

Police générale.

Le commissaire de police de..

Certifie qu'il y a lieu de délivrer un livret d'ouvrier au nommé .... âgé de............ profession de .... né à .... le ...... domicilié rue .... n°

« *Pour un mineur, ajouter* : sait lire et écrire
« et a fréquenté l'école pendant............ ans.

« Délivré sur le consentement du père qui a
« signé avec nous. »

.... le .... 18......

VILLE D......

COMMISSARIAT
DE
POLICE

OBJET

CERTIFICAT
constatant la perte
d'un livret
d'ouvrier

Police générale

L'an mil huit cent ...

Par devant nous s'est présenté le nommé ....
lequel nous a déclaré que le .... à .... heures
il a perdu le livret .... à lui délivré le ....
et qu'il désire en obtenir un nouveau sous la
responsabilité des sieurs (2 témoins) ......
demeurant rue .... n° .... qui ont dit
bien connaître le nommé
comme incapable d'avoir fait un mauvais usage
du livret qu'il affirme avoir perdu.

Lecture faite, les sus-nommés ont signé avec
nous.

le .... 18 ....

VILLE D.......

COMMISSARIAT
. DE
POLICE

OBJET

CERTIFICAT
pour l'obtention
d'un passeport
pour l'étranger

Police générale

Le commissaire de police de la ville de

Certifie, sous la responsabilité des témoins ci-dessous indiqués, qu'il y a lieu de délivrer au sieur .... âgé de .... profession de .... né le .... 18.... à .... domicilié rue .... n° un passeport pour se rendre à ....

Il certifie en outre que le susdit possède les ressources nécessaires pour son voyage.

(Signatures des témoins).

.... le .... 18 ....

VILLE D......

COMMISSARIAT
DE
POLICE

OBJET

CERTIFICAT
pour obtenir
un passeport gratuit
avec
secours de route

Police générale

Le commissaire de police de la ville de ....

....

Certifie que le nommé ....

arrivé à .... au mois de ....

et demeurant rue .... n° .... est dans

un état complet d'indigence et que, obligé faute

de travail et de ressources à .... de retourner

à .... son pays natal, il y a lieu de lui

délivrer un passeport gratuit avec secours de

route.

.... le .... 18 ....

VILLE D.....	

COMMISSARIAT
DE
POLICE

N°

CERTIFICAT
constatant la perte
d'un passeport ou
livret qui a été
visé ou délivré
dans les bureaux
du commissariat.

Police générale.

Nous, N...................... commissaire de police de la ville d.....................

Certifions que le sieur Soulier Jean, âgé de 27 ans, profession de garçon de café, natif de Velaux (Bouches-du-Rhône), arriva à.......
le............. 18...., que le..........
suivant, il obtint un visa sur le (livret ou passeport) dont il était porteur, et qu'il fut inscrit de la manière suivante :

« Passeport à l'intérieur, n° 246, délivré à
« Marseille, le................... 18......
« pour se rendre à.....

A ..... le 18

Le commissaire de police,

VILLE D......

COMMISSARIAT
ᴅᴇ
POLICE

OBJET

CERTIFICAT
pour
obtenir l'autorisation
de visiter
un prisonnier.

Police générale.

Le Commissaire de Police de la ville de . ...
Certifie que le nommé ......,..........
demeure rue .... nᵒ..... qu'il est
le *(indiquer le degré de parenté)* de *(noms, pré-noms)* détenu *ou* condamné à la prison........
et qu'il désire obtenir l'autorisation d'aller le voir
accompagné de ....

.... le .... 18..

VILLE D......

COMMISSARIAT

DE

POLICE

OBJET

CERTIFICAT
d'indigence pour
obtenir un
enterrement gratuit.

Police Générale.

Le commissaire de police de la ville de

Certifie que les sieurs

sont venus lui déclarer qu'il est à leur connaissance que le nommé

domicilié rue   numéro
marié et père de   ... enfants, dont l'un vient de
mourir, est dans la plus complète indigence, et
qu'il n'a pas les moyens de faire enterrer son
enfant.

le   18

VILLE D......	
COMMISSARIAT DE POLICE	**Police générale.**
OBJET	
CERTIFICAT de dépôt au greffe du Tribunal.	Le commissaire de police de la ville de........

Certifie que le.................................. 18...

il a fait déposer au greffe du tribunal correction-
nel (désigner les objets).........................

pour servir de pièces de conviction contre le

nommé..

inculpé de.......................... et qu'il y a

lieu de remettre ces objets au sieur..............

...................................domicilié.........

.... qui en est le propriétaire.

..............le............................. 18....

VILLE D......	**Police Générale.**
COMMISSARIAT DE POLICE	
OBJET	————
CERTIFICAT DE VIE	Le commissaire de police de la ville de .....

Certifie que la nommée ....

née à ...... le ......

fille de ...... et de ......

est vivante et demeure rue ......

numéro ......

le ......   18 .

VILLE D......

COMMISSARIAT
DE
POLICE

OBJET

CERTIFICAT
pour obtenir
l'admission d'un
enfant à la Charité.

Police Générale.

Le commissaire de police de la ville de

Certifie que la nommée

veuve de   domiciliée à

rue   numéro   est mère de

enfants en bas âge et se trouve dans la plus com-

plète indigence,

Le présent certificat a été délivré à ladite

sur sa demande pour lui servir à faire

admettre à la Charité de   son

fils   né à

le   18

le   18

VILLE D........

COMMISSARIAT
DE
POLICE

OBJET

CERTIFICAT
pour obtenir
un
permis de chasse

Police générale.

Le commissaire de police de la ville de.....

....

Certifie qu'il n'est pas à sa connaissance que

le sieur.................................

soit compris dans aucun des cas prévus par les

articles 6, 7 et 8 de la loi du 3 mai 1844, et que

par conséquent rien ne s'oppose à ce qu'un per-

mis de chasse lui soit accordé.

..............le..............18.......

VILLE D........

COMMISSARIAT

DE

POLICE

—

N°

CERTIFICAT
d'indigence
pour un individu
qui désire
contracter mariage.

Police générale

Nous N......... Commissaire de police de la ville d . . .

Vu l'article 6 de la loi du 10 décembre 1850 ;

Vu le certificat de non inscription au rôle des contributions délivré par M. le percepteur de la commune d.............

Certifions : l'indigence du nommé (*noms, prénoms, âge, profession, demeure du réquérant*)

En foi de quoi, nous lui avons délivré le présent certificat à l'effet d'obtenir, en franchise de tous droits, toutes pièces dont la production pourra être nécessaire pour la célébration de son mariage avec la demoiselle

A......... le................ 18.....

Le Commissaire de Police.

En exécution de l'article 6 de la loi du 10 décembre 1850, l'indigent qui désire contracter mariage doit se faire délivrer : 1° un extrait du rôle des contributions par le percepteur de la commune ; 2° en double expédition, un certificat d'indigence par le commissaire de police sur le vu du certificat négatif ou constatant que la partie intéressée paie moins de 10 fr. d'impôts ; et 3° faire viser et approuver ce certificat par le Juge-de-Paix.

VILLE D.......

COMMISSARIAT
DE
POLICE

N°

CERTIFICAT
constatant la perte
d'un passeport
d'un individu soumis
à la surveillance,

Police générale.

Nous N   commissaire
de police de la ville de

Certifions que le nommé Tiranti Marius, journalier, âgé de 28 ans, natif d'Aix (B.-du-Rh.)
a obtenu un passeport le 20 mars 1876, pour se
rendre à Toulouse qui lui a été assignée comme
résidence obligée.

Le susdit Tiranti nous ayant déclaré qu'il avait
égaré son passeport, nous lui avons délivré le
présent à l'effet de le mettre à même de se rendre directement à Toulouse où il devra, dès son
arrivée, faire régulariser sa situation, par l'autorité compétente.

A   le   18

Le Commissaire de Police,

VILLE D........

COMMISSARIAT
ᴅᴇ
POLICE

OBJET

Nᵒ

CERTIFICAT
constatant les dégats
occasionnés par
un incendie, à déli-
vrer aux compa-
gnies d'assurances.

Police générale.

Nous N............. commissaire de police de la ville de.................

Certifions qu'il résulte de notre procès-verbal en date du.................. que l'incendie qui a eu lieu chez le sieur Brémond (Joseph), papetier, place de l'hôtel-de-ville, a été causé par (*énoncer ici la cause*).

Nous certifions en outre que les dégats paraissent s'élever à la somme de................. ainsi qu'il appert des pièces justificatives que nous a fournies le susdit Brémond.

En foi de quoi, nous avons délivré le présent certificat pour servir et valoir ce que de droit.

A.......... le.............. 18....

Le Commissaire de police,

VILLE D......

COMMISSARIAT
de
POLICE

`Nᵉ`

CERTIFICAT
de
BONNES VIE
et
MŒURS

Police générale.

Nous N............., Commissaire de
Police de la Ville d.............

Certifions que le sieur Bonnet Joseph, âgé de
36 ans, natif de Nimes (Gard), profession de menuisier, qui demeure depuis......... ans dans
cette ville, est de bonnes vie et mœurs.

Nous certifions en outre qu'il ne nous est
jamais parvenu aucune plainte contre lui.

A .... le .... 18..

Le Commissaire de Police,

Nous engageons les commissaires de police à être
très-réservés dans la délivrance des certificats de
bonnes vie et mœurs. Un pareil certificat ne devrait
être délivré qu'après avoir recueilli les renseignements les plus minutieux et, le cas échéant, sur la
production du casier judiciaire.

7

VILLE D......

COMMISSARIAT
DE
POLICE

OBJET

CERTIFICAT
constatant
la déclaration d'un
déménagement
furtif.

Police générale.

Nous,   Commissaire de police de

....

Certifions que le sieur....................

propriétaire (*ou principal locataire*) d'une mai-

son sise à............ rue .... nº ...

s'est présenté ce jourd'hui à...... heures......

du....... par devant nous et a déclaré que le

sieur .... locataire dans ladite

maison, est déménagé furtivement le ....

lequel fait a été attesté véritable par les sieurs

(*noms prénoms, âge, profession, domicile des*

deux témoins) lesquels ont signé avec nous.

En foi de quoi, le présent certificat a été dé-

livré au sieur.............. pour lui servir et

valoir ce que de droit.

A.......... le .... 18 .....

Le Commissaire de police,

Certificat pour faire admettre dans un hospice un enfant dont le père ou la mère a été arrêté et qui n'a plus d'autres parents (1).

VILLE D . . . . .

———

COMMISSARIAT

DE

POLICE

———

Nº

Police générale.

———

Nous N . . . . (Georges-Albert), commissaire de police de ville d. . . . .

Certifions que la nommée Dulong, Antoinette-Françoise, épouse André, âgée de 32 ans, native de Marseille (B.-du-R.), demeurant à Aix, rue Grande-Horloge, nº 36, a été arrêtée cejourd'hui sous l'inculpation de faux en écriture authentique.

Certifions en outre que cette femme est mère de la nommée Dulong Marie, née à Aix, le 19 octobre 1872, qui est privée de toutes ressources par suite de l'abandon forcé où l'a laissée l'arrestation de sa mère.

En foi de quoi, le présent certificat a été remis à M. l'administrateur des hospices, afin qu'il puisse admettre d'urgence cet enfant dans son établissement.

Aix, le 24 novembre 1876.

Le Commissaire de police,

(1) Passé l'âge de 3 ans, les règlements permettent de recevoir dans les maisons d'arrêt ou de détention l'enfant qui est avec son père ou avec sa mère. Au dessous de cet âge, l'enfant doit être envoyé à l'hospice, et avis en est donné au maire qui remplit les formalités voulues à fins d'admission définitive.

Certificat à fins d'inhumation à délivrer à l'officier de l'état civil.

VILLE D . . . . .

COMMISSARIAT

DE

POLICE

N°

SUICIDE
du nommé
Michel Jean-Baptiste
âgé de 79 ans
rue Porte-St-Louis 17
à Aix.

Police générale.

Nous N. . . . . commissaire de police de la ville d. . . . .

Certifions, conformément à l'article 82 du Code civil, qu'il résulte de notre procès-verbal en date de ce jour que le nommé Michel (Jean-Baptiste), né à Aix, le 19 mai 1798, fils de Joseph-François et de Reymond Victoire, y demeurant rue Porte-Saint-Louis, 17, a été trouvé, cejourd'hui, à 5 heures du soir, pendu à un olivier planté dans un champ appartenant au sieur André Édouard, champ situé au quartier du pont de Béraud, terroir d'Aix.

Les constatations judico-médicales ayant établi que la mort était le résultat d'un suicide et remontait à. . . . . , nous déclarons qu'il y a lieu de procéder à l'inhumation dans les délais prescrits par la loi.

A. . . . . le. . . . . 18. . .

Le Commissaire de police,

(1) Lorsque l'identité du suicidé n'est pas établie, il est urgent de donner son signalement et de décrire d'une manière très-exacte les vêtements et autres objets dont il était porteur. — Ce certificat peut aussi servir dans les cas de mort accidentelle.

RÉQUISITONS

—

Les Commissaires de Police sont souvent obligés, dans les cas de flagrant délit, d'avoir recours à des hommes de l'art ou à des ouvriers pour faire certaines opérations.

Il convient, alors, de leur adresser une réquisition écrite ; l'opération faite, si le requis est ordinairement employé, il fait taxer son mémoire par le président du tribunal, sur le réquisitoire du procureur de la République.

. Si le requis n'est pas ordinairement employé, ou bien si c'est un ouvrier qui ne peut attendre son salaire, le Commissaire de Police taxe lui-même conformément aux articles 133 et 134 du décret du 18 juin 1811, et le paiement en est fait par le receveur de l'enregistrement comme frais urgents.

Chaque médecin ou chirurgien recevra, savoir :

1° Pour chaque visite et rapport, y compris le premier pansement, s'il y a lieu :

A Paris......................	6 fr. »
Villes de quarante mille âmes et plus.	5 »
Ailleurs......................	3 »

2° Pour les ouvertures de cadavre ou autres opérations plus difficiles que la simple visite, et en sus des droits ci-dessus :

A Paris...,....................	9 fr. »
Villes de quarante mille âmes et plus.	7 »
Ailleurs......................	5 »

Décret du 18 juin 1811, art. 17.

Les visites faites par les sages-femmes sont payées :

A Paris......................	3 fr. »
Ailleurs......................	2 »

Décret susdit, art. 18.

Outre les droits ci-dessus, le prix des fournitures nécessaires pour les opérations, sera remboursé. (*Id., art. 19.*)

Pour les frais d'exhumation des cadavres, on suivra les usages locaux. (*Id.*, art. *20.*)

Il ne sera rien alloué pour soins et traitements administrés, soit après le premier pansement, soit après les visites ordonnées d'office. (*Id.*, art. *21.*)

Chaque expert ou interprète recevra, pour chaque vacation de trois heures, et pour chaque rapport, lorsqu'il sera fait par écrit, savoir :

> A Paris........................ 5 fr. »
> Villes de quarante mille âmes et plus. 4 »
> Ailleurs .... 3 »

Les vacations de nuit seront payées *moitié en sus.*

Il ne pourra être alloué, pour *chaque journée*, que *deux* vacations de jour et *une* de nuit. (*Id.*, art. *22.*)

Les traductions par écrit seront payées, pour chaque rôle de *trente lignes* à la page, et de seize à dix-huit syllabes à la ligne, savoir :

> A Paris........................ 1 fr. 25
> Ville de quarante mille âmes et plus. 1 »
> Ailleurs .... » 75

Id., art. 23.

Dans le cas de transport à plus de deux kilomètres de leur résidence, les médecins, chirurgiens, sages-femmes, experts et interprêtes, outre la taxe ci-dessus fixée pour leurs vacations, seront indemnisés de leurs frais de voyage et séjour de la manière suivante :

Pour chaque myriamètre parcouru en allant et en revenant, savoir :

> 1° Pour les médecins, chirurgiens,
> experts, interprêtes........... 2 fr. 50
> 2° Pour les sages-femmes........ 1 50

Id., art. 24 et 91.

L'indemnité sera réglée par myriamètre et par demi-myriamètre. Les fractions de huit ou neuf kilomètres seront comptées pour un myriamètre, et celles de trois à sept kilomètres pour un demi-myriamètre. (*Id.*, *art. 92.*)

Si les mêmes individus sont obligés de prolonger leur séjour dans la ville où se fera l'instruction de la procédure, et qui ne sera point celle de leur résidence, il leur sera alloué, pour chaque jour de séjour, une indemnité fixée ainsi qu'il suit :

1° Pour les médecins, chirurgiens, experts et interprètes :

A Paris......................	4 fr.	»
Villes de quarante mille âmes et plus.	2	50
Ailleurs	2	»

2° Pour les sages-femmes :

A Paris......................	3 fr.	»
Villes de quarante mille âmes et plus.	3	»
Ailleurs	1	50

Id., *art. 96.*

Nous donnons ci-après des modèles des réquisitions les plus usitées dans les Commissariats de Police.

Réquisition à la gendarmerie. — *Voir rapports avec la gendarmerie.*

VILLE D......

COMMISSARIAT
DE
POLICE

N°

RÉQUISITION (1)
à un
SERRURIER

POUR ACQUIT :

De par la loi

Nous, Commissaire de police de la ville d
officier
de police judiciaire, auxiliaire du procureur de
la République,

Vu les articles 49 et 50 du Code d'instruction
criminelle :

Vu l'article 475 n° 12 du Code pénal ;

Requérons M

De se transporter immédiatement, avec les
instruments de sa profession,

à l'effet
qui lui seront désignés par nous

Lui déclarons que, pour ce, il lui sera payé
une somme de
sur la caisse de M. le receveur de l'enregistrement.

le   18

Le Commissaire de police,

Taxé au sieur   pour
l'exécution du réquisitoire ci-dessus à la somme
de   qui lui sera
payée par M. le receveur de l'enregistrement
d

le   18

Le Commissaire de police,

(1) Ce modèle peut servir, dans les cas de flagrant délit, pour les ouvriers
de toute sorte.

VILLE D......	**De par la loi**
COMMISSARIAT **de** POLICE	
N°	Nous, Commissaire de police de la ville d département d officier de police judiciaire, auxiliaire du procureur de la République,
RÉQUISITION (1) à un Docteur-Médecin	Vu les articles 43 et 44 du Code d'instruction criminelle ;

De par la loi

Nous, Commissaire de police de la ville d

département d officier

de police judiciaire, auxiliaire du procureur de

la République,

Vu les articles 43 et 44 du Code d'instruction

criminelle ;

Vu le décret du 18 juin 1811 ;

Vu l'article 475 n° 12 du Code pénal ;

Requérons M.

De se transporter immédiatement

à l'effet de en notre présence,

pour ensuite, serment préalablement prêté entre

nos mains, nous faire son rapport verbal et écrit

sur les causes de ce

Lui déclarons que, s'il ....le requiert, il

sera taxé conformément à l'article du

décret du 18 juin 1811.

Fait à .... le 18 ..

Le Commissaire de police,

_____

(1) Ce modèle de réquisition peut servir aussi pour les officiers de santé, sages-femmes, experts, etc.

VILLE D......

COMMISSARIAT
DE
POLICE

N°

REQUISITION
au
receveur des postes

De par la loi

Nous, Dayre (Camille-Philippe), Commissaire de police de la ville d'Aix, officier de police judiciaire, auxiliaire du procureur de la République,

Procédant par suite de la délégation de M. le juge d'instruction d'Aix en date du 7 du courant, donnée en exécution de la commission rogatoire de M. le juge d'instruction de Sens (Yonne), en date du 2 du présent mois.

Requérons M. le receveur des postes d'Aix de retenir et de mettre à notre disposition toutes lettres adressées aux sieurs :

1° COLLE, Jean-Eugène, marchand ambulant.
2° FRÉAUS, Antoine, marchand ambulant,
Inculpés de vols qualifiés.

Fait à Aix, le 8 mars 1877.

Le Commissaire de police.

La même formule peut servir lorsqu'il s'agit d'opérer une saisie de lettres ou imprimés à la poste en vertu d'un mandat délivré par le préfet du département ou le préfet de police à Paris (1).

(1) Liés par un serment professionnel qui leur interdit de chercher à connaître et de divulguer le contenu des lettres confiées à la poste, les directeurs pourraient difficilement éveiller d'eux-mêmes l'attention de l'autorité sur les

correspondances qui seraient de nature à contenir matière à des poursuites. C'est au préfet, averti en temps utile, par ses investigations, de ces correspondances coupables, à prendre des mesures pour les saisir lui-même ou les faire saisir par un officier de police judiciaire chargé de sa délégation. Dans les saisies de cette nature, le rôle du directeur est entièrement passif; il doit mettre à la disposition du préfet, sans restriction ni réserve, toutes les lettres qui sont à son bureau; celles qui paraissent suspectes sont ouvertes; elles sont saisies, si elles contiennent la preuve d'un crime ou d'un délit ou des indications propres à éclairer la justice ; et, si elles n'ont rien de répréhensible, elles sont recachetées avec un timbre portant ces mots : *Ouverte par autorité de justice*, et rendues, contre récépissé, au préposé de la poste qui les remet au service. — Quant aux imprimés, les employés des postes ne doivent pas se tenir dans la ligne de discrétion et de réserve qui leur est prescrite à l'égard des lettres, mais ils sont tenus de vérifier les imprimés confiés à la poste et venant soit de l'étranger, soit de l'intérieur, afin de s'assurer que ces imprimés ont satisfait aux lois sur le timbre, ou à toutes autres dispositions en vigueur. Les préposés doivent retenir et signaler, soit au préfet, soit à l'officier de police délégué par lui, les lettres qui paraîtraient contenir des imprimés suspects de contravention aux lois fiscales, et l'officier de police judiciaire délégué par le préfet saisit ceux de ces écrits qui sont répréhensibles au point de vue de la sûreté générale et de l'ordre public. Dans tous les cas, il est dressé procès-verbal de l'opération, et les documents saisis sont transmis comme éléments d'instruction au procureur impérial. Le préfet peut déléguer pour la vérification et la saisie des imprimés expédiés, soit sous bandes, soit dans des plis fermés, des réquisitions permanentes aux officiers de police judiciaire, et il doit, dans ce cas, les accréditer auprès de l'inspecteur des postes. — Quant à la saisie des lettres, la délégation sera spéciale chaque fois qu'une perquisition dans les bureaux de la poste lui paraîtra nécessaire et qu'il ne voudra pas y procéder lui-même. — *Circ. min. int.* 21 févr. 1854.

Réquisition à un voiturier pour transporter un prévenu.

VILLE D. . . . . . .

COMMISSARIAT
DE
POLICE

N°

REQUISITION
à un
voiturier

PIÈCES JOINTES:

Certificat du médecin

De par la loi

Nous N. . . . . Commissaire de Police de la ville d. . . . .

Vu le certificat ci-joint du médecin attestant que le nommé. . . . . inculpé de. . . . . est dans l'impossibilité de faire la route à pied.

Requérons le sieur David, loueur de voitures à . . . . de nous fournir une voiture à l'effet de transporter le susdit. . . . . à . . . .

Lui déclarons que, s'il le requiert, il sera taxé conformément à l'article 6 du décret du 18 juin 1811.

A. . . . . le. . . . . 18. . . . .

Le Commissaire de police,

Taxé au sieur David sur sa demande pour l'exécution de la réquisition ci-dessus à la somme de. . . . . qui lui sera payé par M. le receveur de l'enregistrement d. . . . .

A. . . . . le. . . . . 18. .

Le Commissaire de police,

(1) Dans toutes les opérations où le commissaire de police est obligé de se transporter, assisté du prévenu, soit qu'il procède dans le cas de flagrant délit ou en vertu d'une commission rogatoire d'un juge d'instruction, il est bon de faire conduire le prévenu en voiture par des agents afin d'éviter la foule des curieux qui ne manque jamais de suivre les prisonniers qui vont à pied.

En cette circonstance, on se fait délivrer par le médecin habituel, un certificat constatant que l'inculpé ou le prisonnier ne peut aller à pied et l'on adresse une réquisition à un voiturier.

Cette réquisition est ensuite taxée par le Commissaire de police et présentée au receveur de l'enregistrement avec le certificat du médecin à l'appui.

VILLE D. . . . . .

COMMISSARIAT
DE
POLICE .

OBJET

RÉQUISITION
pour faire recevoir
un cadavre
A LA MORGUE.

De par la loi

Nous, Commissaire de police de la ville d

Requérons le préposé à la Morgue de recevoir et garder à la disposition de la Justice le cadavre du nommé   âgé de

profession de   né à

le   18   domicilié rue

numéro   qui a été trouvé cejourd'hui à.

heures d   à.

asphyxié par submersion,

le   18

Le Commissaire de police,

Fournitures faites à un inculpé.

Lorsqu'il y a lieu de saisir, pour servir de pièces de conviction, les vêtements ou partie des vêtements que porte un inculpé, on s'adresse à un marchand frippier qui fait les fournitures nécessaires et on lui remet la réquisition ci-après :

VILLE D . . . . .

—

COMMISSARIAT

ET

POLICE

N°

PROCÈS-VERBAL
du . . . . 18 . .

AFFAIRE
X . . . .
inculpé de . . . . . .

De par la loi.

Nous N. . . . . etc.

Vu l'article 133 du décret du 18 juin 1811 et la décision du ministre de la justice en date du 4 novembre 1820.

Attendu que les souliers, la blouse, etc. du prévenu X . . . . ont été par nous saisis comme pièces de conviction.

Requérons le sieur V. . . . . . marchand frippier, demeurant rue . . . . à . . . . de fournir au susdit X . . . . (désigner les objets).

Lui déclarons que, s'il le requiert, il sera taxé conformément à l'article 133 du décret du 18 juin 1811.

A le 18

Le Commissaire de police,

Taxé au sieur V . . . . . . sur sa demande pour l'exécution de la réquisition ci-dessus à la somme de . . . . qui lui sera payée par M. le receveur de l'enregistrement d . . . .

A le 18

Le Commissaire de police,

VILLE D . . . . .

COMMISSARIAT
DE
POLICE

OBJET
—

RÉQUISITION
à un aubergiste pour
loger
des militaires.

De par la loi.

Nous Commissaire de police de la ville d....

. . . .

Requérons le sieur....... .... aubergiste,
rue........ .... n°..... de loger..... militaires pendant ...... jours pour le compte
de............... propriétaire de la maison
portant le n°...... de la rue.............
*ou pour le compte des habitants de ladite maison
qui se sont refusés de remplir cette obligation.*

.... le.............18...

Fourrière (Réquisition pour mettre des objets ou des animaux en)

VILLE d........	**De par la loi**
COMMISSARIAT de POLICE	Nous N....... ...... Commissaire de police de la ville de..........
	Vu notre procès-verbal en date du.........
N°	Requérons le sieur.................... de recevoir, garder, ou nourrir et soigner jusqu'à nouvel ordre (*énoncer exactement le nombre, l'espèce des animaux ou des objets saisis.*)
REQUISITION au gardien de la fourrière.	A la charge par lui de les représenter à toute réquisition de justice.
	A.......... le .... 18...
	Le Commissaire de police (1),

(1) Les animaux et tous objets périssables, pour quelque cause qu'ils aient été saisis, ne pourront rester en fourrière ou sous le séquestre plus de huit jours. — Après ce délai la main-levée provisoire pourra en être accordée. — S'ils ne doivent ou ne peuvent être restitués, ils seront mis en vente, et les frais de fourrière seront prélevés sur le produit de la vente, par privilége et préférence à tous autres.— Décret du 18 juin 1811, art. 39.

La main-levée provisoire des animaux saisis et des objets périssables mis en sequestre, sera ordonnée par le juge de paix ou par le juge d'instruction, moyennant caution et le paiement des frais de fourrière et de sequestre. Si lesdits objets doivent être vendus, la vente sera ordonnée par les mêmes magistrats. — Cette vente sera faite à l'enchère au marché le plus voisin, à la diligence de l'administration de l'enregistrement. Le jour de la vente sera indiqué par affiches vingt-quatre heures à l'avance, à moins que la modicité de l'objet ne détermine le magistrat à en ordonner la vente sans formalités, ce qu'il exprimera dans son ordonnance. Le produit de la vente sera versé dans la caisse de l'administration de l'enregistrement, pour en être disposé ainsi qu'il en sera ordonné par le jugement définitif. — Id., art. 40.

Requête (au juge de paix pour être autorisé à faire vendre les animaux ou les objets mis en fourrière.)

VILLE D. . . . . .

———

COMMISSARIAT

DE

POLICE

———

REQUÊTE
à fins de vente d'objets saisis.

Le Commissaire de police de la ville de. . . .

. . . .

a l'honneur d'exposer à M. le juge de paix qu'en vertu de son procès-verbal en date du. . . . . il a saisi et mis en fourrière (*détailler ici le nombre et l'espèce des animaux ou des objets saisis.*)

Que ces objets étant essentiellement périssables, il est urgent d'en ordonner la vente, et ce, sans formalités, attendu la modicité de leur valeur ;

Qu'en conséquence, et vu l'article 10 du décret du 18 juin 1811, le soussigné requiert M. le juge de paix d'ordonner que la vente desdits objets ou animaux aura lieu sans formalités le. . . . . prochain, sur la place de. . . . . de. . . . .

A. . . . . le. . . . . .18 . .

Le Commissaire de Police

8

POLICE ADMINISTRATIVE

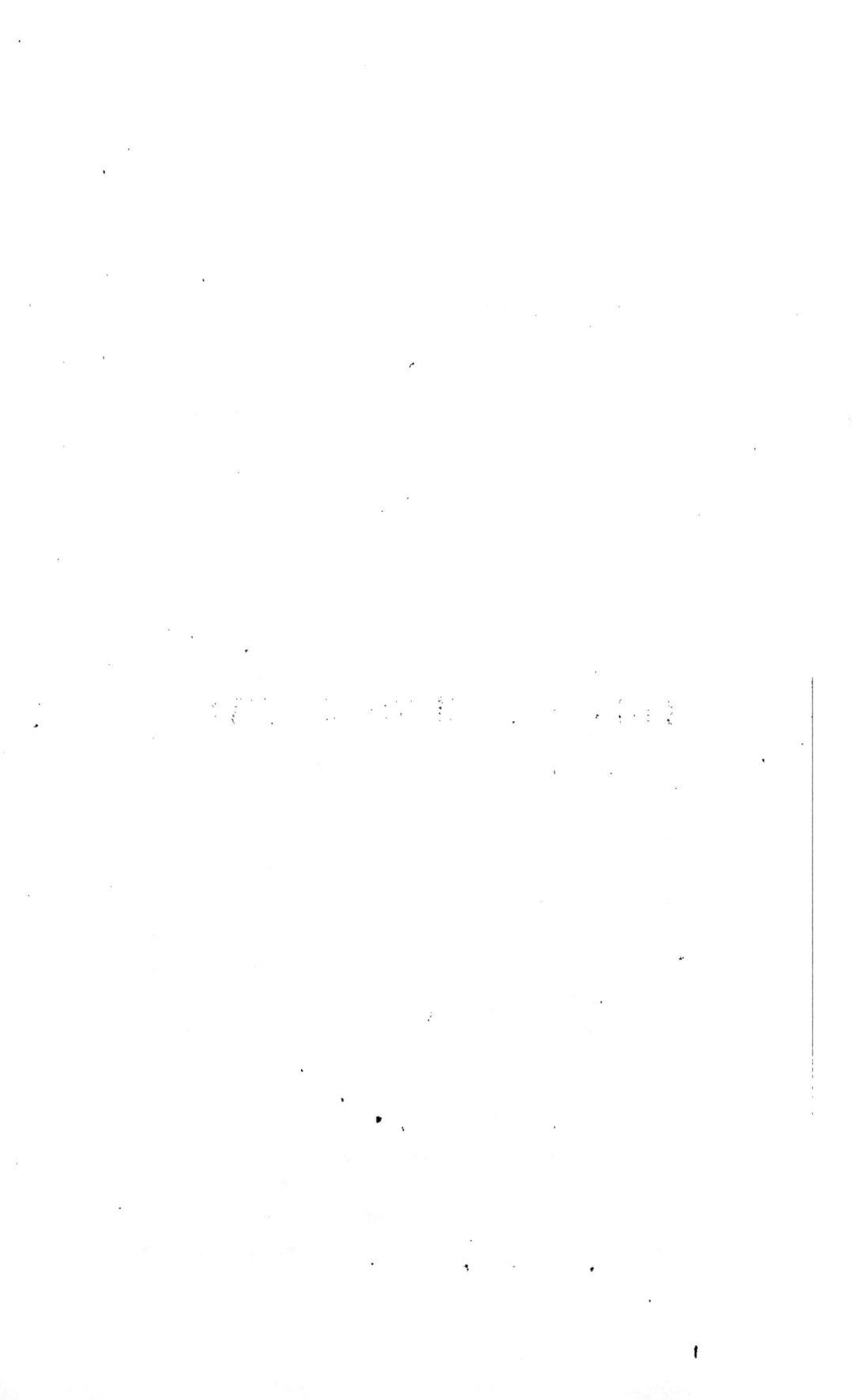

DES DÉLITS CONTRAIRES AU RESPECT
dû aux autorités constituées.

—

Avant de nous occuper des diverses attributions des Commissaires de Police, nous avons cru utile de leur faire connaître la manière de procéder lorsque, remplissant quelques actes de leur ministère, ils se trouveront en présence d'individus qui donneront des signes publics soit d'approbation, soit d'improbation, ou exciteront du tumulte de quelque manière que ce soit.

Les préfets, sous-préfets, maires et adjoints, officiers de police administrative ou judiciaire, lorsqu'ils remplissent publiquement quelques actes de leur ministère, exercent aussi les fonctions de police réglées par l'article 504 du Code d'instruction criminelle ; ils doivent faire saisir les perturbateurs, et, après avoir dressé procès-verbal du délit, ils envoient ce procès-verbal, s'il y a lieu, ainsi que les prévenus devant les juges compétents (Cod. d'instr. crim., art. 509.)

L'article 504 sus-cité est ainsi conçu :

« Lorsqu'à l'audience ou en tout autre lieu où se fait publiquement une instruction judiciaire, l'un ou plusieurs des assistants donneront des signes publics soit d'approbation, soit d'improbation, ou exciteront du tumulte, de quelque manière que ce soit, le président ou le juge les fera expulser ; s'ils résistent à ses ordres, ou s'ils rentrent, le président ou le juge ordonnera de les arrêter et conduire dans la maison d'arrêt : il sera fait mention de cet ordre dans le procès-verbal ; et, sur l'exhibition qui en sera faite au gardien de la maison d'arrêt, les perturbateurs y seront reçus et retenus pendant vingt-quatre heures. »

Il ressort de ces deux articles que les Commissaires de Police, remplissant quelques actes de leur ministère, peuvent faire saisir et déposer pendant vingt-quatre heures à la maison d'arrêt les individus qui donnent des signes publics d'approbation ou d'improbation, ou qui excitent du tumulte. Le gardien de la maison d'arrêt ne peut refuser de les recevoir sur l'exhibition du procès-verbal.

De même, un sous-préfet peut ordonner l'arrestation d'un individu qui lui a manqué dans l'exercice de ses fonctions. (Cons. d'Etat, 24 décembre 1818.)

Mais un maire ou un adjoint qui maintient le bon ordre dans un marché n'a pas le caractère de juge ; la décision par laquelle il ordonne qu'un perturbateur subira deux heures de détention est une simple mesure de police qui ne peut pas être considérée comme un jugement. En conséquence, le perturbateur peut être poursuivi à raison des outrages par lui commis envers ce magistrat, sans qu'il y ait violation de la règle *non bis in idem*. (Cass. 4 nov. 1824.)

Cet arrêt de la Cour suprême indique nettement dans quels cas les maires et Commissaires de Police sont protégés par les articles 504 et 509 ; c'est lorsqu'ils agissent en qualité d'officiers de police administrative ou judiciaire.

VILLE D........

COMMISSARIAT
DE
POLICE

N°

ARRESTATION
du nommé
DURAND Emile
chapelier
demeurant rue.....
à..............
pour avoir donné
des signes d'impro-
bation au sujet des
actes d'un commis-
saire de police et
résisté à ses or-
dres.

PROCÈS-VERBAL

L'an mil........... et le.............
à..... heures du.,.......

Nous.............. Commissaire de police
de la ville d..............., officier de police
administrative,

Rapportons que ce jourd'hui, à l'heure susdite,
nous étant présenté chez le sieur X.... Georges,
cafetier, demeurant rue......... à l'effet de lui
notifier l'arrêté de M. le préfet du............
qui prononce la fermeture de son établissement,
nous sommes trouvé en présence de plusieurs individus parmi lesquels était le nommé DURAND
Emile, chapelier, demeurant rue.....à.......
qui, au moment ou nous donnions connaissance
du susdit arrêté au sieur X.........., s'est permis de blâmer l'acte que nous accomplissions.

Nous l'avons aussitôt fait expulser et avons
continué notre notification.

Un instant après, DURAND a fait irruption dans
la salle disant à nouveau que nous agissions injus-
tement et engageant le cafetier à nous mettre à la
porte.

Nous l'avons alors fait saisir, et avons ordonné
qu'il serait déposé dans la maison d'arrêt de cette
ville, pour y être retenu pendant vingt-quatre
heures, conformément aux articles 504 et 509 du
Code d'instruction criminelle.

De tout quoi, nous avons dressé le présent procès-verbal qui sera transmis à M. le procureur de
la République pour servir et valoir ce que de droit

A......... les jour, mois et an que dessus.

Le Commissaire de police,

ACCIDENTS — ACTES DE COURAGE

—

Dès qu'un événement malheureux et imprévu arrive à la connaissance du Commissaire de Police, ce magistrat après en avoir donné avis, si le fait est important, aux diverses autorités dont il relève, se transporte aussitôt sur les lieux à l'effet de prendre toutes les mesures nécessaires et procéder à une enquête.

S'agit-il d'un naufrage, d'un incendie, d'une explosion ou d'un éboulement dans une mine ou dans une carrière, le devoir du Commissaire de Police est tout tracé. Après avoir organisé les secours, il s'occupe de rechercher si l'accident n'est pas le résultat d'une cause criminelle. Son procès-verbal est dressé en double expédition ; l'original est remis au procureur de la République et la copie au préfet ou au sous-préfet.

S'il apprend qu'un individu a accompli des actes de courage, il recueille aussitôt des renseignements, et signale cet individu au préfet par un rapport spécial.

———

AFFICHES — AFFICHAGES — CRIEURS
PUBLICS

—

On appelle affiche tout placard écrit ou imprimé, toute inscription faite au moyen de la peinture ou de tout autre procédé, que l'on expose sur la voie publique ou en un lieu public pour en porter le contenu à la connaissance du public.

Ce mode de publicité est employé par l'autorité publique et par les particuliers.

Loi des 18-22 mai 1791

Art. 11.—Dans les villes et dans chaque municipalité, il sera, par les officiers municipaux, désigné des lieux exclusivement destinés à recevoir les affiches des lois et des actes de l'autorité publique. Aucun citoyen ne pourra faire des affiches particulières dans lesdits lieux, sous peine d'une amende de cent livres, dont la condamnation sera prononcée par voie de police.

Art. 13. — Aucun citoyen et aucune réunion de citoyens ne pourront rien afficher sous le titre d'arrêtés, de délibérations, ni sous toute autre forme obligatoire et impérative.

Art. 14. — Aucune affiche ne pourra être faite sous un nom collectif ; tous les citoyens qui auront coopéré à une affiche seront tenus de la signer.

Décret des 22-23 juillet 1791

Les affiches des actes émanés de l'autorité publique seront seules imprimées sur papier blanc ordinaire, et celles faites par des particuliers ne pourront l'être que sur papier de couleur, sous peine de l'amende ordinaire de police municipale.

Loi du 28 avril 1816

Art. 65. — Toutes les affiches, quelqu'en soit l'objet, seront sur papier timbré.

Art. 69. — La contravention d'un imprimeur à ces dispositions sera punie d'une amende de 500 fr...

Ceux qui seront convaincus d'avoir ainsi fait afficher et distribuer des imprimés non timbrés seront condamnés à une amende de 100 fr.

Les afficheurs et distributeurs seront, en outre, condamnés aux peines de simple police déterminées par l'article 474 du Code pénal,

Décret qui crée des timbres mobiles pour l'exécution de l'article 6 de la loi du 27 juillet 1870, relatif au timbre des papiers destinés à l'impression des affiches (21 décembre 1872.)

Art. 1er. — Il est créé, pour l'exécution de la loi du 27 juillet 1870, des timbres mobiles à 5, 10 et 20 centimes, en principal, conformes aux modèles annexés au présent décret. — Provisoirement, les droits de 15 centimes et de 40 centimes seront acquittés par l'apposition de deux timbres mobiles.

Art. 2. — Les timbres mobiles seront collés par les soins des imprimeurs et à leurs risques et périls. Ces timbres seront apposés de manière à ce qu'ils soient oblitérés par l'impression de deux lignes au moins du texte de l'affiche.— Dans le cas où, par suite de la disposition des caractères typographiques, l'oblitération ne pourrait avoir lieu, ainsi qu'il est prescrit par le paragraphe précédent, il y serait suppléé par une griffe apposée à l'encre grasse en travers du timbre et faisant connaître le nom de l'imprimeur ou la raison sociale de sa maison de commerce, ainsi que la date de l'oblitération.

Loi sur les afficheurs et crieurs publics (10 *décembre* 1850.)

Art. 1er.—Aucun écrit, soit à la main, soit imprimé, gravé ou lithographié, contenant des nouvelles politiques ou traitant d'objets politiques, ne pourra être affiché ou placardé dans les rues, places ou autres lieux publics. — Sont exceptés de la présente disposition les actes de l'autorité publique.

Art. 2. — Quiconque voudra exercer, même temporairement, la profession d'afficheur ou de crieur, de vendeur ou distributeur, sur la voie publique, d'écrits imprimés, lithographiés, gravés ou à la main sera tenu d'en faire préalablement la déclaration devant l'autorité municipale et d'indiquer son domicile.— Le crieur ou afficheur devra renouveler cette déclaration chaque fois qu'il changera de domicile.

Art. 3.—Les journaux feuilles quotidiennes ou périodiques, les jugements et autres actes d'une autorité constituée, ne pourront être annoncées dans les rues, places et autres lieux publics, autrement que par leur titre. — Aucun autre écrit imprimé, lithographié, gravé ou à la main, ne pourra être crié sur la voie publique qu'après que le crieur ou le distributeur aura fait connaître à l'autorité municipale le titre sous lequel il veut l'annoncer, et qu'après avoir remis à cette autorité un exemplaire de cet écrit.

Art. 4.—La vente ou distribution de faux extraits de journaux, jugements et actes de l'autorité publique, est défendue, et sera punie des peines ci-après.

Art. 5.— L'infraction aux dispositions des articles 1 et 4 de la présente loi sera punie d'une amende de 25 à 500 fr., et d'un emprisonnement de six jours à un mois, cumulativement ou séparément.—L'auteur ou l'imprimeur des faux extraits défendus par l'article ci-dessus sera puni du double de la peine infligée au crieur, vendeur ou distributeur de faux extraits.—Les peines prononcées par le présent article seront appliquées sans préjudice des autres peines qui pourraient être encourues par suite des crimes et délits résultant de la nature même de l'écrit.

Art. 6. — La connaissance des délits punis par le précédent article est attribuée aux Cours d'assises. Ces délits seront poursuivis conformément aux dispositions de l'article 4 de la loi du 8 octobre 1830. (*Modifié; Décr. 25 févr. 1852.*)

Art. 7. — Toute infraction aux articles 2 et 3 de la présente loi sera punie, par la voie ordinaire de police correctionnelle, d'une amende de 25 à 200 francs, et d'un emprisonnement de six jours à un mois, cumulativement ou séparément.

Art. 8. — Dans les cas prévus par la présente loi, les Cours d'assises et les tribunaux correctionnels pourront appliquer l'article 463 du Code pénal, si les circonstances leur paraissent atténuantes, et si le préjudice causé n'excède pas 25 fr.

Art. 9.—La loi du 5 nivôse an v, relative aux crieurs publics, et l'article 290 du Code pénal, sont abrogés.

L'article 1er est applicable à celui qui appose au vitrage de sa boutique, à l'intérieur, un écrit contenant une propagande électorale. (Cass. 17 fév. 1849.)

Les dispositions de l'article 2 ne peuvent s'étendre aux propriétaires qui apposeraient eux-mêmes ou feraient apposer par une autre personne des affiches imprimées ou manuscrites pour la vente d'un bien, la location d'une ferme. — Dalloz.

La loi du 10 décembre 1830 n'est relative qu'aux écrits contenant des nouvelles politiques ou traitant d'objets politiques ; elle n'a point modifié ou restreint le pouvoir attribué à l'autorité municipale de subordonner à son autorisation préalable l'affichage de tout placard ou annonce quelconque relatifs à d'autres objets, et d'interdire cet affichage à toutes autres personnes qu'aux afficheurs par elle commissionnés à cet effet. (Cass. 19 juillet 1861.) —Ainsi, est obligatoire le règlement qui interdit aux particuliers d'apposer aucune affiche ou annonce sans la permission de l'autorité municipale (Cass. 3 janv. 1834) et sans avoir déposé au bureau de police de la mairie un exemplaire daté et signé par l'afficheur public. (Cass. 28 décembre 1855.)

Loi du 8 juillet 1852

. . . .

Art. 30. — A partir du 1er août 1852, toute affiche inscrite dans un lieu public, sur les murs, sur une construction quelconque, ou même sur toile, au moyen de la peinture ou de tout autre procédé, donnera lieu à un droit d'affichage fixé à 50 cent. pour les affiches d'un mètre carré et au-dessous, et à 1 fr. pour celles d'une dimension supérieure.—Un règlement d'administration publique déterminera le mode d'exécution du présent article. — Toute infraction à la présente disposition, et toute contravention au règlement à intervenir, pourront être punies d'une amende de 100 à 500 fr., ainsi que des peines portées à l'article 464 du Code pénal.

. . . .

Cet article n'a entendu parler que des affiches peintes ou tracées immédiatement sur les murs ou même sur toile. Il ne s'applique pas aux affiches imprimées ou écrites sur papier timbré, et ensuite appliquées sur les murs ou mêmes collées sur toile, puis accrochées à des murs en forme de tableaux ou placards mobiles. (Cass. 20 déc. 1806.)

On ne peut assimiler aux affiches définies par cette loi :

Des portraits photographiques renfermés dans des cadres mobiles attachés au mur, et portant, avec l'indication du prix, l'indication des nom et demeure de l'artiste. Ces indications ne peuvent être considérées que comme des enseignes. (Cass. 3 sept. 1855.)

Les loi et décret des 8 juillet et 25 août 1852 sont applicables aux affiches exposées dans l'intérieur d'une boutique, derrière les carreaux, (Paris, 22 août 1857.)

Décret portant règlement sur l'affichage (25 août 1852.)

Art. 1ʳ.—Tout individu qui voudra, au moyen de la peinture ou de tout autre procédé, inscrire des affiches dans un lieu public, sur les murs, sur une construction quelconque ou même sur toile, sera tenu préalablement de payer le droit d'affichage établi par l'article 30 de la loi du 8 juillet 1852, et d'obtenir de l'autorité municipale dans les départements, et à Paris du préfet de police, l'autorisation ou permis d'afficher.—Le paiement du droit se fera au bureau de l'enregistrement dans l'arrondissement duquel se trouvent les communes où les affiches devront être placées. Dans le département de la Seine, il se fera à un ou plusieurs bureaux d'enregistrement désignés à cet effet.

Art. 2.—Le droit sera perçu sur la présentation, pour chaque commune, d'une déclaration en double minute, datée et signée, contenant : 1° le texte de l'affiche ; 2° les noms, prénoms, profession et domicile de ceux dans l'intérêt desquels l'affiche doit être inscrite et de l'entrepreneur de l'affichage ; 3° La dimension de l'affiche ; 4° le nombre total des exemplaires à inscrire ; 5° la désignation précise des rues et places où chaque exemplaire devra être inscrit ; 6° et le nombre des exemplaires à inscrire dans chacun de ces emplacements.— Un double de la déclaration restera au bureau pour servir de contrôle à la perception ; l'autre, revêtu de la quittance du receveur de l'enregistrement, sera rendu au déclarant.—Les droits régulièrement perçus ne seront point restituables, lors même que, par le fait des tiers, l'affichage ne pourrait avoir lieu.— Mais ces droits seront restitués si l'autorisation d'afficher est refusée par l'administration.

Art. 3. — L'autorité municipale ou le préfet de police ne délivrera le permis d'affichage qu'au vu et sur le dépôt de la déclaration portant quittance dont il est parlé dans l'article précédent, et sans préjudice des droits des tiers. — Chaque permis sera enregistré, sur un registre spécial, par ordre de date et de numéro. — Le numéro du permis devra être lisiblement indiqué au bas de chaque exemplaire de l'affiche, qui devra porter, en outre, son numéro d'ordre.

Art. 4. — Aucun exemplaire de l'affiche ne pourra être d'une dimension supérieure à celle pour laquelle le droit aura été payé.

Art. 5. — Les contraventions à l'article 30 de la loi du 8 juillet 1852 et aux dispositions du présent règlement seront constatées par des procès-verbaux rapportés, soit par les préposés de l'administration de l'enregistrement et des domaines, soit par les commissaires, gendarmes, gardes champêtres et tous les autres agents de la force publique.

Art. 6. — Il sera accordé, à titre d'indemnité, aux gendarmes, gardes champêtres et autres agents de la force publique qui auront constaté les contraventions, un quart des amendes payées par les contrevenants.

Art. 7. — Les poursuites seront faites à la requête du ministère public et portées devant le tribunal de police correctionnelle dans l'arrondissement duquel la contravention aura été commise.

Art. 8. — Les contraventions à l'article 1er, au dernier alinéa de l'article 3 et à l'article 4 du présent règlement, seront passibles des peines portées par l'article 30 de la loi du 8 juillet 1852. — Il sera dû une amende pour chaque exemplaire d'affiche inscrit sans paiement du droit ou d'une dimension supérieure à celle pour laquelle le droit aura été payé, et pour chaque exemplaire posé dans un emplacement autre que celui indiqué par la déclaration. — Dans tous les cas, les contrevenants devront rembourser les droits dont le Trésor aura été frustré.

Art. 9. — Ces droits, amendes et frais, seront recouvrés par l'administration de l'enregistrement et des domaines.

Art. 10. — *Transitoire.*

Loi sur les crieurs publics (16 *février* 1834.)

Art. 1er. — Nul ne pourra exercer, même temporairement, la profession de crieur, de vendeur ou de distributeur, sur la voie publique, d'écrits, dessins ou emblèmes imprimés, lithographiés, authographiés, moulés, gravés ou à la main, sans autorisation préalable de l'autorité municipale. — Cette autorisation pourra être retirée. — Les dispositions ci-dessus sont applicables aux chanteurs sur la voie publique.

La contravention prévue par cet article est encourue par un seul fait de criage, de distribution ou de chant sur la voie publique. — Dalloz.

Cet article est applicable à celui qui, sans autorisation, distribue sur la voie publique des journaux ou écrits périodiques, ou de simples adresses. (Paris, 13 janv. 1835.)

Art. 2. — Toute contravention à la disposition ci-dessus sera punie d'un emprisonnement de six jours à deux mois pour la première fois, et de deux mois à un an en cas de récidive. Les con-. trevenants seront traduits devant les tribunaux correctionnels, qui pourront, dans tous les cas, appliquer les dispositions de l'article 463 du Code pénal.

Lorsque les Commissaires de Police dresseront des procès-verbaux en matière d'affichage, s'il s'agit d'une contravention fiscale ils les remettront au receveur de l'enregistrement; s'il s'agit d'un délit, au procureur de la République; s'il s'agit d'une contravention, punissable de peines de simple police, à l'officier du ministère public.

VILLE D......

COMMISSARIAT
DE
POLICE

N°

AFFICHE
NON TIMBRÉE

1° RENAUD ACHILLE
âgé de 40 ans, imprimeur, demeurant rue.......
à...,..

2° MARTEL JACQUES
âgé de 53 ans, négociant, demeurant rue..........,...
à........

PROCÈS-VERBAL

L'an................ et le.............
à...... heures du..........
Nous............ Commissaire de police de la ville d...............
Rapportons que passant dans la rue de........ avons aperçu, collée sur le mur de la maison appartenant au sieur X...... et portant le n° 16, une affiche annonçant une liquidation de marchandises, par suite de cessation de commerce faite par le sieur Martel Jacques, demeurant rue................ à............. laquelle affiche était dépourvue du timbre prescrit par la loi.
Nous avons remarqué en outre que la susdite affiche portait les noms de Renaud Achille, imprimeur, demeurant rue............. à..........
Nous l'avons aussitôt fait enlever et l'avons saisie pour servir de pièce de conviction.
En conséquence, attendu que le nommé Renaud Achille, imprimeur, demeurant à.............. et le nommé Martel Jacques, négociant, demeurant à............. ont commis une contravention à l'article 65 de la loi du 28 avril 1816; le premier, en livrant une affiche dépourvue de timbre ; le second, en faisant afficher cette même affiche, avons, à leur encontre, dressé le présent procès-verbal qui sera transmis à M. le receveur de l'enregistrement du bureau d...... pour y être donné telle suite que de droit.
Et avons fait déposer au susdit bureau l'affiche saisie.

A. .. les jour, mois et an que dessus.

Le Commissaire de police,

VILLE D......

COMMISSARIAT
DE
POLICE

N°

ANNONCE
D'UN JOURNAL
autrement
que par son titre.

ROURE JULES, âgé de 26
ans, marchand de jour-
naux, demeurant rue. . .
.......à........

PROCÈS-VERBAL

L'an.................. et le..............
à..... héures du.........

Nous.............. Commissaire de police de la
ville d.....

Rapportons que nous trouvant sur le boulevard
d .... avons entendu un individu qui criait
le journal de........ et ajoutait qu'il contenait la
protestation adressée au Président de la République par les députés de la gauche.

Nous étant approché de cet individu et lui ayant
décliné nos qualités, nous lui avons fait observer
qu'il ne pouvait crier un journal autrement que par
son titre.

Interpellé sur ses nom, prénoms, etc., il a dit se
nommer Roure Jules, âgé de 26 ans, né à........
fils de......... et de.. .... marchand de
journaux, demeurant rue ....à...........
et a déclaré qu'il avait cru pouvoir se permettre de
faire connaître que la protestation des députés se
trouvait dans son journal; il a même ajouté que cela
lui avait été conseillé par diverses personnes.

En conséquence, attendu que le nommé Roure
Jules a, dans la journée du.............., crié un
journal autrement que par son titre, délit prévu par
l'article 3 de la loi du 10 décembre 1830, avons, à
son encontre, dressé le présent procès-verbal qui
sera transmis à M. le procureur de la République
pour y être donné telle suite que de droit.

A........ les jour, mois et an que dessus.

Le Commissaire de police,

VILLE D . . . . .

COMMISSARIAT

DE

POLICE

N°

CHANTEURS
sur la voie publique
dépourvus
d'autorisation.

1° Maglione Georges
âgé de 24 ans, chan-
teur ambulant sans
domicile fixe.

2° Gent Rosine, âgée
de 21 ans, chanteuse
ambulante sans do-
micile fixe.

Arrêtés.

—

PROCÈS-VERBAL

L'an . . . . et le . . . .
à . . . . . . du . . . .

Nous . . . . Commissaire de police de
la ville d . . . .

Rapportons que passant dans la rue d . . . .
avons aperçu un homme et une femme qui chantaient
en s'accompagnant sur un violon.

Nous étant approché d'eux, et leur ayant décliné
nos qualités, nous les avons invités à nous montrer
leur autorisation? Ils nous ont répondu ne pas en
avoir.

Nous les avons alors sommés de nous suivre au
commissariat de police.

Interrogés, le premier a déclaré se nommer Maglione Georges, âgé de 24 ans, né à . . . .
fils de . . . . et de . . . . chanteur
ambulant, sans domicile fixe, jamais condamné ; la
seconde a déclaré se nommer Gent Rosine, âgée de
21 ans, née à . . . . fille de . . . .
et de . . . . chanteuse ambulante, sans
domicile fixe, jamais condamnée.

En conséquence, attendu que les nommés Maglione Georges et Gent Rosine, ont été surpris, dans
l'après-midi de ce jour, chantant sur la voie publique, et ce, sans être munis de l'autorisation de l'autorité municipale, délit prévu par l'article 1er de la
loi du 16 février 1834, avons, à leur encontre, dressé
le présent procès-verbal, et ordonné qu'ils seraient mis
à la disposition de M. le procureur de la République
pour être, à leur égard, statué ce que de droit.

A . . . . les jour, mois et an que dessus.

Le Commissaire de police,

·AFFAIRES POLITIQUES ET CONFIDENTIELLES

Les Commissaires de police, étant avant tout des fonctionnaires politiques, devront mettre tous leurs soins à s'occuper de la situation politique. Dans cette branche du service, ils n'ont de compte à rendre qu'au préfet.

Ils observeront attentivement l'attitude des divers partis politiques; s'informeront des personnages marquants qui séjourneront dans leur circonscription; rechercheront avec soin les sociétés secrètes et tous complots pouvant compromettre la sûreté de l'Etat.

Il importe que les Commissaires de Police n'agissent point à la légère. Tous leurs rapports doivent être rédigés avec tact et discernement; qu'ils évitent surtout l'exagération.

Un fonctionnaire qui n'est pas à même d'apprécier l'importance d'un fait, d'un acte, ne peut que créer des embarras à ses supérieurs.

On ne naît pas diplomate : l'étude et l'*intelligence* seules donnent les qualités nécessaires pour juger sainement une situation.

En politique, la première qualité que doit posséder un Commissaire de Police, c'est la discrétion.

AGRICULTURE

L'action administrative s'exerce sur l'agriculture, soit comme industrie, soit comme commerce.

Les Commissaires de Police sont souvent appelés à fournir des rapports sur la situation agricole et industrielle de leur circonscription.

Ils doivent se tenir au courant des mercuriales des marchés, et exercer une active surveillance sur la vente des denrées alimentaires; ils doivent aussi se renseigner sur l'importance des transactions commerciales.

Ils mettront tous leurs soins à connaître les principales industries de leur circonscription ; ils s'assureront du nombre des établissements en activité, du nombre des ouvriers occupés, de l'état de la fabrication et de la vente, et des causes des augmentations ou des réductions.

ALIÉNÉS

A Paris, le préfet de police, et, dans les départements, les préfets ordonneront d'office le placement, dans un établissement d'aliénés, de toute personne interdite, ou non interdite, dont l'état d'aliénation compromettrait l'*ordre public* ou la *sûreté des personnes*. (Loi du 30 juin 1838, art. 18.)

En cas de danger imminent, attesté par le certificat d'un médecin ou par la *notoriété publique*, les Commissaires de Police à Paris, et les maires dans les autres communes, ordonneront à l'égard des personnes atteintes d'aliénation mentale, toutes les mesures provisoires nécessaires, à la charge d'en référer dans les vingt-quatre heures au préfet, qui statuera sans délai.

(Id., art. 19.)

Les hospices et hôpitaux civils seront tenus de recevoir provisoirement les personnes qui leur sont adressées en vertu des articles 18 et 19, jusqu'à ce qu'elles soient dirigées sur l'établissement spécial destiné à les recevoir, aux termes de l'article 1er, ou pendant le trajet qn'elles feront pour s'y rendre. Dans toutes les communes où il existe des hospices ou hôpitaux, les aliénés ne pourront être déposés ailleurs que dans les hospices ou hôpitaux. Dans les lieux où il n'en existe pas, les maires devront pourvoir à leur logement, soit dans une hôtellerie, soit dans un local loué à cet effet. *Dans aucun cas, les aliénés ne pourront être ni conduits avec les condamnés ou prévenus, ni déposés dans une prison.* Ces dispositions sont applicables à tous les aliénés dirigés par l'administration sur un établissement public ou privé.

(Id., art. 21.)

Dès qu'un Commissaire de Police est informé qu'une personne, atteinte d'aliénation mentale, est dans un état qui compromet l'ordre public ou la sûreté des personnes, il requiert immédiatement un médecin et le charge de visiter l'aliéné ; il reçoit ensuite les dépositions des voisins et amis, dresse son procès-verbal auquel il annexe le rapport du docteur, et transmet le tout au maire, chargé de prendre les mesures nécessaires.

Sur le vu du procès-verbal du Commissaire de Police et du rapport du médecin, le maire prend un arrêté à la suite duquel l'aliéné est conduit dans l'asile le plus voisin.

Si la famille de l'aliéné est indigente, la vacation du médecin est payée, sur la taxe faite par le maire, par le receveur municipal.

Il arrive quelquefois que les familles font-elles même visiter l'aliéné par un médecin et soumettent ensuite le certificat au Commissaire de Police. Il importe de s'assurer de la date de ce certificat et d'exiger qu'elle soit récente.

Muni de ce certificat, le Commissaire de Police se contente de recevoir les déclarations des témoins et dresse du tout procès-verbal qu'il transmet au maire avec le certificat du médecin.

Les Commissaires de Police peuvent aussi être appelés à recevoir les demandes de placements volontaires adressées aux directeurs des asiles publics ou privés, lorsque ceux qui les forment ne savent pas signer.

Dans ce cas, la demande doit être faite sur papier timbré, et contenir les nom, prénoms, profession, âge et domicile, tant de la personne qui la présente que de celle dont on sollicite le placement ; ainsi que l'indication du degré de parenté, ou à défaut, de la nature des relations qui existent entre elles.

A cette demande doivent être joints : 1° un certificat du médecin constatant l'état mental de la personne à placer ; 2° le passeport ou toute autre pièce propre à constater son individualité.

Nous donnons ci-après un modèle de procès-verbal d'enquête à fins d'admission, d'office, d'un aliéné dans un établissement public.

VILLE D . . . . .

COMMISSARIAT
DE
POLICE

N°

Aliénation mentale
du nommé
Girard Auguste,
âgé de 43 ans
menuisier, demeu-
rant rue Grignan, 6
à . . . .

Pièces jointes :
Rapport du docteur

PROCÈS-VERBAL

L'an mil huit . . . . et le . . . .
à . . . . . . heures du . . . .

Devant nous . . . . Commissaire de
police de la ville d . . . .

S'est présenté le sieur Lhéritier Jules, âgé de 32
ans, peintre en bâtiments, demeurant rue Grignan,
8, à . . . . lequel nous a déclaré que le nommé
Girard Auguste, âgé de 43 ans, né à . . . .
fils de Georges et de Roure Marie, menuisier, demeurant au n° 6 de ladite rue, se trouvait dans un
état d'aliénation mentale qui compromettait la sûreté
des personnes qui l'entouraient.

Nous avons aussitôt requis le docteur Blanc de se
transporter au domicile du sieur Girard et avons
reçu des personnes ci-après nommées les déclarations suivantes :

1° Mongin Jules, âgé de 28 ans, vitrier, demeurant
rue . . . . à . . . . dit :

(*Relater très-exactement les déclarations des témoins, lesquelles devront être signées par chacun
d'eux*).

En conséquence, attendu qu'il résulte des déclarations susdites et du rapport du docteur Blanc que
le nommé Girard Auguste se trouve dans un état
d'aliénation mentale de nature à compromettre la
sûreté des personnes (ou l'ordre public) avons dressé
le présent procès-verbal qui sera transmis à M. le
maire de . . . . pour servir et valoir ce
que de droit.

A . . . . les jour, mois et an que . . . .

Le Commissaire de police,

Si l'aliéné vivait seul, il y aurait lieu d'appeler le juge de paix pour procéder à l'inventaire des objets comprenant le mobilier. Mention doit alors en être
faite au procès-verbal.

ANIMAUX MALFAISANTS ET NUISIBLES

—

ETAT DES SOMMES DUES au sieur................

demeurant à .... pour la destruction d'animaux

malfaisants. (1)

Nom et prénoms de la partie prenante.	Désignation des animaux détruits.	PRIMES A PAYER d'après le tarif pour chaque animal.	Sommes dues.	Signature de la partie prenante ou de deux témoins.

Certifié exact par nous, Commissaire de Police de la ville

d................. le présent état montant à la somme

de...........

A .... le 18

(1) Cet état doit être envoyé au Préfet, ainsi que le procès-verbal, pour être joints à l'appui du mandat qui sera délivré pour prime. Le procès-verbal et l'état doivent être fournis en double expédition, dont une sur papier timbré si le montant des primes dépasse dix francs.

Un arrêt du conseil d'Etat fixe les primes pour la destruction des loups ainsi qu'il suit :

100 fr. pour une louve pleine ; 80 fr. pour un loup ou une louve ; 40 fr. pour un louveteau de huit kilos, et 200 fr. pour un loup et une louve ayant attaqué l'homme.

VILLE D.....

COMMISSARIAT
DE
POLICE

Nᵒ

PROCÈS-VERBAL

L'an mil...................... et le
....
Par devant nous............... .Com-
missaire de Police de la ville d...........
S'est présenté le sieur *(nom, prénoms et
domicile)* lequel nous a déclaré *(indiquer les
circonstances dans lesquelles l'animal a ététué)*.
A l'appui de sa déclaration le sieur........
nous a représenté l'animal détruit par lui que
nous avons reconnu pour être *(indiquer l'espèce,
l'âge et le genre de l'animal)*.
De tout quoi, nous avons dressé le présent
procès-verbal destiné à être produit à l'appui
du mandat pour prime à délivrer au sieur...
A................... les jour, mois et an
que dessus.

Le Commissaire de Police,

APPRENTISSAGE

—

Le contrat d'apprentissage est celui par lequel un fabricant, un chef d'atelier ou un ouvrier s'oblige à enseigner la pratique de sa profession à une autre personne, qui prend l'engagement, en retour, de travailler pour lui ; le tout à des conditions et pendant un temps convenus. (Loi du 22 fév. 1851, art. 1er.)

Le contrat d'apprentissage est fait par acte public ou par acte sous seing privé. — Il peut aussi être fait verbalement ; mais la preuve testimoniale n'en est reçue que conformément au titre du Code civil *des Contrats ou des Obligations conventionnelles en général*. — Les notaires, les secrétaires des conseils de prud'hommes et les greffiers de justice de paix peuvent recevoir l'acte d'apprentissage. — Cet acte est soumis pour l'enregistrement au droit fixe d'un franc, lors même qu'il contiendrait des obligations de sommes ou valeurs mobilières, ou des quittances. — Les honoraires dus aux officiers publics sont fixés à 2 fr.

Id., art. 2.

L'acte d'apprentissage contiendra : 1° les nom, prénoms, âge, profession et domicile du maître ; 2° les nom, prénoms, âge et domicile de l'apprenti ; 3° les nom, prénoms, profession et domicile de ses père et mère, de son tuteur, ou de la personne autorisée par les parents, et, à leur défaut, par le juge de paix ; 4° la date et la durée du contrat ; 5° les conditions de logement, de nourriture, de prix, et de toutes autres arrêtées entre les parties. — Il devra être signé par le maître et par les représentants de l'apprenti. *(Id., art. 3.)*

Nul ne peut recevoir des apprentis mineurs, s'il n'est âgé de vingt et un ans au moins. *(Id., art. 4.)*

Aucun maître, s'il est célibataire ou en état de veuvage, ne peut loger, comme apprenties des jeunes filles mineures.

(Id., art. 5.)

Sont incapables de recevoir des apprentis : les individus qui ont subi une condamnation pour crime; ceux qui ont été condamnés pour attentat aux mœurs; ceux qui ont été condamnés à plus de trois mois d'emprisonnement pour les délits prévus par les articles 388, 401, 405, 406, 407, 408, 423 du Code pénal.

(*Id.*, *art. 6.*)

L'incapacité résultant de l'article 6 pourra être levée par le préfet, sur l'avis du maire, quand le condamné, après l'expiration de sa peine, aura résidé pendant trois ans dans la même commune. — A Paris, les incapacités seront levées par le préfet de police. (*Id.*, *art. 7.*)

Le maître doit se conduire envers l'apprenti en bon père de famille, surveiller sa conduite et ses mœurs, soit dans la maison, soit au dehors, et avertir ses parents ou leurs représentants des fautes graves qu'il pourrait commettre ou des penchants vicieux qu'il pourrait manifester. — Il doit aussi les prévenir, sans retard, en cas de maladie, d'absence, ou de tout fait de nature à motiver leur intervention.— Il n'emploiera l'apprenti, sauf conventions contraires, qu'aux travaux et services qui se rattachent à l'exercice de sa profession. Il ne l'emploiera jamais à ceux qui seraient insalubres ou au-dessus de ses forces. (*Id.*, *art. 8.*)

La durée du travail effectif des apprentis âgés de moins de quatorze ans ne pourra dépasser dix heures par jour.— Pour les apprentis âgés de quatorze à seize ans, elle ne pourra dépasser douze heures. — Aucun travail de nuit ne peut être imposé aux apprentis âgés de moins de seize ans. — [Est considéré comme travail de nuit tout travail fait entre neuf heures du soir et cinq heures du matin. — Les dimanches et jours de fêtes reconnues ou légales. les apprentis, dans aucun cas, ne peuvent être tenus, vis-à-vis de leur maître, à aucun travail de leur profession. — Dans le cas où l'apprenti serait obligé, par suite des conventions ou conformément à l'usage, de ranger l'atelier aux jours ci-dessus marqués, ce travail ne pourra se prolonger au delà de dix heures du matin. — Il ne pourra être dérogé aux dispositions contenues dans les trois premiers paragraphes du présent article que par un arrêté rendu par le préfet, sur l'avis du maire.

Id., art. 9.

Si l'apprenti âgé de moins de seize ans ne sait pas lire, écrire et compter, ou s'il n'a pas encore terminé sa première éducation religieuse, le maître est tenu de lui laisser prendre, sur la journée de travail, le temps et la liberté nécessaires pour son instruction.—Néanmoins, ce temps ne pourra pas excéder deux heures par jour. (*Id., art. 10.*)

L'apprenti doit à son maître fidélité, obéissance et respect ; il doit l'aider, par son travail, dans la mesure de son aptitude et de ses forces.—Il est tenu de remplacer, à la fin de l'apprentissage, le temps qu'il n'a pu employer par suite de maladie ou d'absence ayant duré plus de quinze jours. (*Id., art. 11.*)

Le maître doit enseigner à l'apprenti, progressivement et complétement, l'art, le métier ou la profession spéciale qui fait l'objet du contrat. — Il lui délivrera, à la fin de l'apprentissage, un congé d'acquit, ou certificat constatant l'exécution du contrat.

Id., art. 12.

Tout fabricant, chef d'atelier ou ouvrier, convaincu d'avoir détourné un apprenti de chez son maître pour l'employer en qualité d'apprenti ou d'ouvrier, pourra être passible de tout ou partie de l'indemnité à prononcer au profit du maître abandonné. (*Id., art. 13.*)

Les deux premiers mois de l'apprentissage sont considérés comme un temps d'essai pendant lequel le contrat peut être annulé par la seule volonté de l'une des parties. Dans ce cas, aucune indemnité ne sera allouée à l'une ou à l'autre partie, à moins de conventions expresses. (*Id., art. 14.*)

Le contrat d'apprentissage sera résolu de plein droit : 1° par la mort du maître ou de l'apprenti ; 2° si l'apprenti ou le maître est appelé au service militaire ; 3° si le maître ou l'apprenti vient à être frappé d'une des condamnations prévues en l'article 6 de la présente loi; 4° pour les filles mineures, dans le cas de décès de l'épouse du maître, ou de tout autre femme de la famille qui dirigeait la maison à l'époque du contrat. (*Id.*, *art. 15.*)

Le contrat peut être résolu sur la demande des parties ou de l'une d'elles : 1° dans le cas où l'une des parties manquerait aux stipulations du contrat; 2° pour cause d'infraction grave ou habituelle aux prescriptions de la présente loi ; 3° dans le cas d'inconduite habituelle de la part de l'apprenti ; 4° si le maître transporte sa résidence dans une autre commune.que celle qu'il habitait lors de la convention. — Néanmoins, la demande en résolution du contrat fondée sur ce motif ne sera recevable que pendant trois mois, à compter du jour où le maître aura changé de résidence ; 5° si le maître ou l'apprenti encourait une condamnation emportant un emprisonnement de plus d'un mois; 6° dans le cas où l'apprenti viendrait à contracter mariage. (*Id.*, *art. 16.*)

Si le temps convenu pour la durée de l'apprentissage dépasse le maximum de la durée consacrée par les usages locaux, ce temps peut être réduit ou le contrat résolu. (*Id.*, *art. 17.*)

Toute demande à fin d'exécution ou de résolution de contrat sera jugé par le conseil des prud'hommes dont le maître est justiciable, et, à défaut, par le juge de paix du canton. — Les réclamations qui pourraient être dirigées contre les tiers, en vertu de l'article 13 de la présente loi, seront portées devant le conseil des prud'hommes ou devant le juge de paix du lieu de leur domicile. (*Id.*, *art. 18.*)

Dans les divers cas de résolution prévus en la section IV du titre Ier, les indemnités ou les restitutions qui pourraient être dues à l'une ou à l'autre des parties seront, à défaut de stipulations expresses, réglées par le conseil des prud'hommes, ou par le juge de paix dans les cantons qui ne ressortissent point à la juridiction d'un conseil de prud'hommes. (*Id.*, *art. 19.*)

Toute contravention aux articles 4, 5, 6, 9 et 10 de la présente loi sera poursuivie devant le tribunal de police et punie d'une amende de 5 à 15 fr. — Pour les contraventions aux articles 4, 5, 9 et 10, le tribunal de police pourra, dans le cas de récidive, prononcer, outre l'amende, un emprisonnement d'un à cinq jours. — En cas de récidive, la contravention à l'article 6 sera poursuivie devant les tribunaux correctionnels, et punie d'un emprisonnement de quinze jours à trois mois, sans préjudice d'une amende, qui pourra s'élever de 50 fr. à 300 fr. (*Id.*, *art. 20.*)

TRAVAIL DES ENFANTS DANS LES MANUFACTURES

Les Commissaires de Police n'ont pas qualité pour constater les infractions aux lois relatives au travail des enfants et des filles mineures employés dans l'industrie.

Ce droit est formellement réservé par l'article 16 de la loi du 19 mai 1874 à des inspecteurs spéciaux et par l'article 20 à des commissions locales.

ARGOT (dictionnaire d')

Voir le *Petit Manuel de police*, page 16.

ARMES

Déclaration concernant le port des armes (23 mars 1728).

Voulons et nous plaît que la déclaration du 18 décembre 1660, au sujet de la fabrique et port d'armes, soit exécutée selon sa forme et teneur; ordonnons en conséquence, qu'à l'avenir toute fabrique, commerce, vente, débit, achat, port et usage des poignards, couteaux en forme de poignards, soit de poche, soit de fusil, des baïonnettes, pistolets de poche, épées en bâtons, bâtons à ferrements, autres que ceux qui sont ferrés par le bout, et autres armes offensives cachées et secrètes, soient et demeurent pour toujours généralement abolis et défendus.

Cette déclaration a été remise en vigueur par le décret du 12 mars 1806.

Décret qui interdit l'usage et le port des fusils et pistolets à vent
(2 nivôse an XIV).

Art. 1er. — Les fusils et pistolets à vent sont déclarés compris dans les armes offensives dangereuses, cachées et secrètes, dont la fabrication, l'usage et le port sont interdits par les lois.

Art. 2. — Toute personne qui, à dater de la publication du présent décret, se a trouvée porteur desdites armes, sera poursuivie et traduite devant les tribunaux de police correctionnelle. pour y être jugée et condamnée conformément à la loi du 23 mars 1728.

Loi sur les détenteurs d'armes ou de munitions de guerre
(24 mai 1834).

Art. 1er.—Tout individu qui aura fabriqué, débité ou distribué des armes prohibées par la loi ou par des règlements d'administration publique, sera puni d'un emprisonnement d'un mois à un an, et d'une amende de 16 fr. à 500 fr.—Celui qui sera porteur desdites armes sera puni d'un emprisonnement de six jours à six mois, et d'une amende de 16 fr. à 200 fr.

Art. 2. — Tout individu qui, sans y être légalement autorisé, aura fabriqué, débité ou distribué de la poudre, ou sera détenteur d'une quantité quelconque de poudre de guerre, ou de plus de 2 kilogrammes de toute autre poudre, sera puni d'un emprisonnement d'un mois à deux ans, sans préjudice des autres peines portées par les lois.

Art. 3. — Tout individu qui, sans y être légalement autorisé, aura fabriqué ou confectionné, débité ou distribué des armes de guerre, des cartouches ou autres munitions de guerre, ou sera détenteur d'armes de guerre, cartouches ou munitions de guerre, ou d'un dépôt d'armes quelconques, sera puni d'un emprisonnement d'un mois à deux ans, et d'une amende de 16 fr. à 1,000 fr. — La présente disposition n'est point applicable aux professions d'armurier et de fabricant d'armes de commerce, lesquelles resteront seulement assujetties aux lois et règlements particuliers qui les concernent.

Art. 4. — Les infractions prévues par les articles précédents seront jugées par les tribunaux de police correctionnelle. — Les armes et munitions fabriquées, débitées, distribuées ou possédées sans autorisation, seront confisquées. — Les condamnés pourront, en outre, être placés sous la surveillance de la haute police pendant un temps qui ne pourra excéder deux ans. — En cas de récidive, les peines pourront être élevées jusqu'au double.

Art. 5. — Seront punis de la détention les individus qui, dans un mouvement insurrectionnel, auront porté soit des armes apparentes ou cachées, ou des munitions, soit un uniforme et costume, ou autres insignes civils ou militaires. — Si les individus porteurs d'armes apparentes ou cachées, ou de munitions, étaient revêtus d'un uniforme, d'un costume ou d'autres insignes civils ou militaires, ils seront punis de la déportation. — Les individus qui auront fait usage de leurs armes seront punis de mort.

Art. 6. — Seront punis des travaux forcés à temps les individus, qui, dans un mouvement insurrectionnel, se seront emparés d'armes ou de munitions de toutes espèces, soit à l'aide de violences ou de menaces, soit par le pillage des boutiques, postes, magasins, arsenaux et autres établissements publics, soit par le désarmement des agents de la force publique; chacun des coupables sera, de plus, condamné à une amende de 200 francs à 5000 fr.

Art. 7. — Seront punis de la même peine les individus qui,

dans un mouvement insurrectionnel, auront envahi à l'aide de violences ou menaces, une maison habitée ou servant à l'habitation.

Art. 8.—Seront punis de la détention les individus qui, dans un mouvement insurrectionnel, auront, pour faire attaque ou résistance envers la force publique, envahi ou occupé des édifices, postes et autres établissements publics. — La peine sera la même à l'égard de ceux qui, dans le même but auront occupé une maison habitée ou non habitée, avec le consentement du propriétaire ou du locataire, et à l'égard du propriétaire et locataire qui, connaissant le but des insurgés, leur aura procuré sans contrainte l'entrée de ladite maison.

Art. 9. —Seront punis de la détention les individus qui, dans un mouvement insurrectionnel, auront fait ou aidé à faire des barricades, des retranchements ou tous autres travaux ayant pour objet d'entraver ou d'arrêter l'exercice de la force publique ; ceux qui auront empêché, à l'aide de violences ou de menaces, la convocation ou la réunion de la force publique, ou qui auront provoqué ou facilité le rassemblement des insurgés, soit par la distribution d'ordres ou de proclamations, soit par le port de drapeaux ou autres signes de ralliement, soit par tout autre moyen d'appel ; ceux qui auront brisé ou détruit un ou plusieurs télégraphes, ou qui auront envahi, à l'aide de violences ou de menaces, un ou plusieurs postes télégraphiques, ou qui auront intercepté, par tout autre moyen, avec violences ou menaces, les communications ou la correspondance entre les divers dépositaires de l'autorité publique.

Art. 10. — Les peines portées par la présente loi seront prononcées sans préjudice de celles que les coupables auraient pu encourir comme auteurs ou complices de tous autres crimes. Dans le cas du concours de deux peines, la plus grave seule sera appliquée.

Art. 11. — Dans tous les cas prévus par la présente loi, s'il existe des circonstances atténuantes, il sera fait application de l'article 463 du Code pénal. — Néanmoins, les condamnés pourront toujours être placés sous la surveillance de la haute police, pendant un temps qui ne pourra excéder le maximum de la durée de l'emprisonnement prononcé par la loi.

Ordonnance portant prohibition des pistolets de poche (23 *février* 1837.)

Article unique. — Les pistolets de poche sont prohibés.

Décret qui exempte de la prohibition prononcée par l'ordonnance du 23 février 1837 les pistolets de poche, révolvers ou autres, fabriqués pour l'exportation (26 *août* 1865).

Art. 1ᵉʳ. — La prohibition prononcée par l'ordonnance du 23 février 1837 ne s'applique pas aux pistolets de poche, révolvers ou autres, fabriqués pour l'exportation.

Art. 2. — Ceux qui voudront se livrer à cette fabrication devront obtenir préalablement l'autorisation du ministre de l'intérieur, auquel appartiennent, en cette matière, les attributions conférées au ministre de la guerre, en ce qui touche les armes de guerre, par le décret impérial du 6 mars 1861, et se conformer, d'ailleurs, aux dispositions des articles 1, 2, 4, 5, 6, 7, 9 et 18 de ce décret.

Art. 3. — En cas de péremption des délais fixés dans l'article 18 pour le transport au lieu de destination, pour la sortie, le récépissé du préfet du département expéditeur est présenté au préfet du département auquel appartient la douane de sortie, et revêtu par ce fonctionnaire de l'autorisation de passer outre.

Loi qui abroge le décret du 4 septembre 1870, sur la fabrication des armes de guerre (19 juin 1871.)

Art. 1ᵉʳ. — Le décret du 4 septembre 1870, sur le commerce et la fabrication des armes de guerre, est abrogé.

Art. 2. — En attendant qu'une loi nouvelle ait statué définitivement sur la matière, les lois antérieures relatives à la fabrication, au commerce et à la détention des armes de guerre et autres armes prohibées, sont remises en vigueur.

10

Art. 3. — Tout individu fabricant ou détenteur, sans autorisation, de machines ou engins meurtriers ou incendiaires, agissant par explosion ou autrement, ou de poudre fulminante, quelle qu'en soit la composition, sera puni d'un emprisonnement de six mois à cinq ans et d'une amende de 50 à 3,000 fr.

Art. 4. — Les dispositions de l'article 463 du Code pénal sont et demeurent applicables aux délits prévus par la présente loi.

Peine contre ceux qui ont procuré des armes et munitions à des bandes formées dans des intentions de pillage public. — V. C. pén., art. 96, 268.

Instruments compris sous le mot armes.—V. C. pén., art. 101.

Peines pour transmission d'armes destinées à favoriser l'évasion des prisonniers. —V. C. pén., art. 243.

Pour fabrication, débit ou port de stylets, de tromblons ou autres armes prohibées. —V. C. pén., art. 314.

ASPHYXIÉS (secours aux)

Voir le *Petit Manuel de Police*, page 42.

ASSISTANCE JUDICIAIRE.

Toute personne qui réclame l'assistance judiciaire adresse sa demande sur papier libre au procureur de la République du tribunal de son domicile. Ce magistrat en fait la remise au bureau établi près de ce tribunal. Si le tribunal n'est pas compétent pour statuer sur le litige, le bureau se borne à recueillir des renseignements, tant sur l'indigence que sur le fond de l'affaire. Il peut entendre les parties. Si elles ne sont pas accordées, il transmet, par l'intermédiaire du procureur de la République, la demande, le résultat de ses informations et les pièces, au bureau établi près de la juridiction compétente.

Loi du 22 janv. 1851, art. 8.

Quiconque demande à être admis à l'assistance judiciaire doit fournir : 1° un extrait du rôle de ses contributions, ou un certitificat du percepteur de son domicile, constatant qu'il n'est pas imposé; 2° une déclaration attestant qu'il est, à raison de son indigence, dans l'impossibilité d'exercer ses droits en justice, et contenant l'énumération détaillée de ses moyens d'existence, quels qu'ils soient. — Le réclamant affirme la sincérité de sa déclaration devant le maire de la commune de son domicile; le maire lui en donne acte au bas de la déclaration.

Id., art. 10.

ASSOCIATIONS. — CLUBS.

Loi sur les associations (10 avril 1834)

Art. 1er.—Les dispositions de l'article 291 du Code pénal sont applicables aux associations de plus de vingt personnes, alors même que ces associations seraient partagées en sections d'un nombre moindre, et qu'elles ne se réuniraient pas tous les jours ou à des jours marqués. — L'autorisation donnée par le gouvernement est toujours révocable.

Art. 2.—Quiconque fait partie d'une association non autorisée sera puni de deux mois à un an d'emprisonnement et de 50 fr. à 1,000 fr. d'amende. — En cas de récidive, les peines pourront être portées au double.—Le condamné pourra, dans ce dernier cas, être placé sous la surveillance de la haute police pendant un temps qui n'excèdera pas le double du maximum de la peine. — L'article 463 du Code pénal pourra être appliqué dans tous les cas.

Art. 3.— Seront considérés comme complices et punis comme tels ceux qui auront prêté ou loué sciemment leur maison ou appartement pour une ou plusieurs réunions d'une association non autorisée.

Loi qui établit des peines contre les affiliés de l'Association internationale des travailleurs (14 mars 1872).

Art. 1er. — Toute association internationale qui, sous quelque dénomination que ce soit, et notamment sous celle d'*Association internationale des travailleurs*, aura pour but de provoquer à la suspension du travail, à l'abolition du droit de propriété, de la famille, de la patrie, de la religion ou du libre exercice des cultes, constituera, par le seul fait de son existence et de ses ramifications sur le territoire français, un attentat contre la paix publique.

Art. 2. — Tout Français qui, après la promulgation de la présente loi, s'affiliera ou fera acte d'affilié à l'association internationale des travailleurs ou à toute autre association professant les mêmes doctrines et ayant le même but, sera puni d'un emprisonnement de trois mois à deux ans et d'une amende de 50 à 1,000 fr. Il pourra en outre être privé de tous ses droits civiques, civils et de famille énumérés en l'article 42 du Code pénal pendant cinq ans au moins et dix ans au plus. — L'étranger qui s'affiliera en France ou fera acte d'affilié sera puni des peines édictées par la présente loi.

Art. 3. — La peine de l'emprisonnement pourra être élevée à cinq ans, et celle de l'amende à 2,000 fr., à l'égard de tous Français ou étrangers qui auront accepté une fonction dans une de ces associations ou qui auront sciemment concouru à son développement, soit en recevant ou en provoquant à son profit des souscriptions, soit en lui procurant des adhésions collectives ou individuelles, soit enfin en propageant ses doctrines, ses statuts ou ses circulaires. — Ils pourront, en outre, être renvoyés par les tribunaux correctionnels, à partir de l'expiration de la peine, sous la surveillance de la haute police pour cinq ans au moins et dix ans au plus. — Tout Français auquel aura été fait application du paragraphe précédent restera, pendant le même temps, soumis aux mesures de police applicables aux étrangers, conformément aux articles 7 et 8 de la loi du 3 décembre 1849.

Art. 4. — Seront punis d'un à six mois de prison et d'une amende de 50 à 500 fr., ceux qui auront prêté ou loué sciemment un local pour une ou plusieurs réunions d'une partie ou section quelconque des associations sus-mentionnées, le tout sans préjudice de peines plus graves applicables, en conformité du Code pénal, aux crimes et délits de toute nature dont auront pu se rendre coupables, soit comme auteurs principaux, soit comme complices, les prévenus dont il est fait mention dans la présente loi.

Art. 5. — L'article 463 du Code pénal pourra être appliqué, quant aux peines de la prison et de l'amende prononcées par les articles qui précèdent.

Art. 6.—Les dispositions du Code pénal et celles des lois antérieures auxquelles il n'a pas été dérogé par la présente loi continueront de recevoir leur exécution.

Art. 7. — La présente loi sera publiée et affichée dans toutes les communes.

Décret sur les clubs (28 juillet 1848).

. . . .

Art. 13. — Les sociétés secrètes sont interdites. Ceux qui seront convaincus d'avoir fait partie d'une société secrète seront punis d'une amende de 100 à 500 fr., d'un emprisonnement de six mois à deux ans, et de la privation des droits civiques d'un an à cinq ans.—Ces condamnations pourront être portées au double contre les chefs ou fondateurs desdites sociétés. — Ces peines seront prononcées sans préjudice de celles qui pourraient être encourues pour crimes ou délits prévus par les lois.

. . . .

V. C. pén., art. 291, 292, 293 et 294.

ATTROUPEMENTS.

Loi du 10-11 avril 1831 (1)

Art. 1er.—Toutes personnes qui formeront des attroupements sur les places ou sur la voie publique seront tenues de se disperser à la première sommation des préfets, sous-préfets, maires, adjoints de maire, ou de tous magistrats et officiers civils chargés de la police judiciaire, autres que les gardes champêtres et forestiers. Si l'attroupement ne se disperse pas, les sommations seront renouvelées trois fois. Chacune d'elles sera précédée d'un roulement de tambour ou d'un son de trompe ; si les trois sommations sont demeurées inutiles, il pourra être fait emploi de la force conformément à la loi des 26-27 juillet, 3 août 1791 (1). Les maires et adjoints de la ville de Paris ont le droit de requérir la force publique et de faire les sommations. Les magistrats chargés de faire lesdites sommations seront décorés d'une écharpe tricolore.

---

(1) Cette loi porte : « Art. 26. — Si, par les progrès d'un attroupement ou émeute populaire, ou pour toute autre cause, l'usage rigoureux de la force devient nécessaire, un officier civil, soit juge de paix, soit officier municipal, ou commissaire de police, se présentera sur le lieu de l'attroupement ou délit, prononcera à haute voix ces mots : « *Obéissance à la loi : on va faire usage de la force ; que les bons citoyens se retirent.* » Le tambour battra un ban avant chaque sommation.

« Art. 27. — Après cette sommation trois fois réitérée, et même dans le cas où, après une première ou seconde sommation, il ne serait pas possible de faire la seconde ou la troisième, si les personnes attroupées ne se retirent pas paisiblement, et même s'il en reste plus de quinze rassemblées en état de résistance, la force des armes sera à l'instant déployée contre les séditieux, sans aucune responsabilité des événements, et ceux qui pourront être saisis ensuite seront livrés aux officiers de police pour être jugés et punis selon la rigueur de la loi.

« Art. 29. — Si aucun officier civil ne se présente pour faire les sommations, le commandant soit des troupes de ligne, soit de la garde nationale, sera tenu d'avertir, à son choix, l'un ou l'autre des officiers civils désignés. »

Art. 2. — Les personnes qui, après la première des sommations prescrites par le second paragraphe de l'article précédent,
continueront à faire partie d'un attroupement, pourront être arrêtées, et seront traduites sans délai devant les tribunaux de
simple police, pour y être punies des peines portées au chapitre Iᵉʳ
du livre IV du Code pénal (1).

Art. 3. — Après la seconde sommation, la peine sera de trois
mois d'emprisonnement au plus; et après la troisième, si le rassemblement ne s'est pas dissipé, la peine pourra être élevée jusqu'à un an de prison (2).

Art. 4. — La peine sera celle d'un emprisonnement de trois
mois à deux ans : 1ᵉ contre les chefs et les provocateurs de l'attroupement, s'il ne s'est point entièrement dispersé après la troisième
sommation ; 2° contre tous individus porteurs d'armes apparentes
ou cachées, s'ils ont continué de faire partie de l'attroupement
après la première sommation (3).

Art. 5. — Si les individus condamnés en vertu des deux articles précédents n'ont pas leur domicile dans le lieu où l'attroupement a été formé, le jugement où l'arrêt qui les condamnera
pourra les obliger, à l'expiration de leur peine, à s'éloigner de
ce lieu à un rayon de dix myriamètres pendant un temps qui
n'excédera pas une année, si mieux ils n'aiment retourner à leur
domicile.

Art. 6. — Tout individu qui, au mépris de l'obligation à lui im-
posée par le précédent article serait retrouvé dans les lieux à lui
interdits, sera arrêté, traduit devant le tribunal de police correctionnelle, et condamné à un emprisonnement qui ne pourra
excéder le temps restant à courir pour son éloignement du lieu
où aura été commis le délit originaire.

(1, 2) Voy., quant aux peines, la loi ci-après du 7 juin 1848. art. 4, 5 et 6.
(3) Voy. ci-après, à sa date, la loi des 7-9 juin 1848, qui s'applique à définir
avec plus de précision le caractère des divers attroupements.

Art. 7. — Toute arme saisie sur une personne faisant partie d'un attroupement sera, en cas de condamnation, déclarée définitivement acquise à l'Etat.

Art. 8.— Si l'attroupement a un caractère politique, les coupables des délits prévus par les articles 3 et 4 de la présente loi pourront être interdits, pendant trois ans au plus, en tout ou en partie, de l'exercice des droits mentionnés dans les quatre premiers paragraphes de l'article 42 du Code pénal.

Art. 9.—Toutes personnes qui auraient continué à faire partie d'un attroupement après les trois sommations pourront, pour ce seul fait, être déclarées civilement et solidairement responsables des condamnations pécuniaires qui seront prononcées pour réparation des dommages causés par l'attroupement.

Art. 10.—La connaissance des délits énoncés aux articles 3 et 4 de la présente loi est attribuée aux tribunaux de police correctionnelle, excepté dans le cas où, l'attroupement ayant un caractère politique, les prévenus devront être, aux termes de la Charte constitutionnelle et de la loi du 8 octobre 1830, renvoyés devant la Cour d'assises (1).

Art. 11. — Les peines portées par la présente loi seront prononcées sans préjudice de celles qu'auraient encourues, aux termes du Code pénal, les auteurs et les complices des crimes et délits commis par l'attroupement. Dans le cas du concours de deux peines la plus grave seule sera appliquée. I. cf, 365.

Loi sur les attroupements (7-9 juin 1848).

Art. 1er.—Tout attroupement armé formé sur la voie publique est interdit. Est également interdit, sur la voie publique, tout attroupement non armé qui pourrait troubler la tranquillité publique.

Art. 2. — L'attroupement est armé : 1° quand plusieurs des

(1) La loi du 8 octobre 1830 a été abrogée par le décret du 25 février 1852.

individus qui le composent sont porteurs d'armes apparentes ou cachées; 2° lorsqu'un seul de ces individus, porteur d'armes apparentes, n'est pas immédiatement expulsé de l'attroupement par ceux-là même qui en font partie.

Art. 3. — Lorsqu'un attroupement armé ou non armé se sera formé sur la voie publique, le maire ou l'un de ses adjoints, à leur défaut le commissaire de police ou tout autre agent ou dépositaire de la force publique et du pouvoir exécutif, portant l'écharpe tricolore, se rendra sur le lieu de l'attroupement. — Un roulement de tambour annoncera l'arrivée du magistrat. — Si l'attroupement est armé, le magistrat lui fera sommation de se dissoudre et de se retirer. — Cette première sommation restant sans effet, une seconde sommation, précédée d'un roulement de tambour, sera faite par le magistrat.—En cas de résistance, l'attroupement sera dissipé par la force.—Si l'attroupement est sans armes, le magistrat, après le premier roulement de tambour, exhortera les citoyens à se disperser. S'ils ne se retirent pas, trois sommations seront successivement faites.— En cas de résistance, l'attroupement sera dissipé par la force.

Art. 4.— Quiconque aura fait partie d'un rassemblement armé sera puni comme il suit : — Si l'attroupement s'est dissipé après la première sommation et sans avoir fait usage de ses armes, la peine sera d'un mois à un an d'emprisonnement. — Si l'attroupement s'est formé pendant la nuit, la peine sera d'un an à trois ans d'emprisonnement.—Néanmoins, il ne sera prononcé aucune peine pour fait d'attroupement contre ceux qui, en ayant fait partie, sans être personnellement armés, se seront retirés sur la première sommation de l'autorité. — Si l'attroupement ne s'est dissipé qu'après la deuxième sommation, mais avant l'emploi de la force, et sans qu'il ait fait usage de ses armes, la peine sera de un à trois ans, et de deux à cinq ans, si l'attroupement s'est formé pendant la nuit. — Si l'attroupement ne s'est dissipé que devant la force ou après avoir fait usage de ses armes, la peine

10.

sera de cinq à dix ans de détention pour le premier cas, et de cinq à dix ans de réclusion pour le second cas. Si l'attroupement s'est formé pendant la nuit, la peine sera la réclusion.—L'aggravation de peine résultant des circonstances prévues par la disposition du paragraphe 5 qui précède ne sera applicable aux individus non armés faisant partie d'un attroupement réputé armé dans le cas d'armes cachées, que lorsqu'ils auront eu connaissance de la présence dans l'attroupement de plusieurs personnes portant des armes cachées, sauf l'application des peines portées par les autres paragraphes du présent article.—Dans tous les cas prévus par les troisième, quatrième et cinquième paragraphes du présent article, les coupables condamnés à des peines de police correctionnelle pourront être interdits, pendant un an au moins et cinq ans au plus, de tout ou partie des droits mentionnés à l'article 42 du Code pénal.

Art. 5. — Quiconque faisant partie d'un attroupement non armé ne l'aura pas abandonné après le roulement de tambour précédant la deuxième sommation, sera puni d'un emprisonnement de quinze jours à six mois.—Si l'attroupement n'a pu être dissipé que par la force, la peine sera de six mois à deux ans.

Art. 6. — Toute provocation directe à un attroupement armé ou non armé, par des discours proférés publiquement et par des écrits ou des imprimés, affichés ou distribués, sera puni comme le crime et le délit, selon les distinctions ci-dessus établies. — Les imprimeurs, graveurs, lithographes, afficheurs et distributeurs seront punis comme complices lorsqu'ils auront agi sciemment.— Si la provocation faite par les moyens ci-dessus n'a pas été suivie d'effet, elle sera punie, s'il s'agit d'une provocation à un attroupement nocturne et armé, d'un emprisonnement de six mois à un an ; s'il s'agit d'un attroupement non armé, l'emprisonnement sera de un mois à trois mois.

Art. 7. — Les poursuites dirigées pour crimes ou délits d'attroupement ne font aucun obstacle à la poursuite pour crimes et délits particuliers qui auraient été commis au milieu des attroupements.

Art. 8.—L'article 463 du Code pénal est applicable aux crimes et délits prévus et punis par la présente loi.

Art. 9. — La mise en liberté provisoire pourra toujours être accordée avec ou sans caution (I. cr. 113 et suiv.).

Art. 10.—Les poursuites pour délits et crimes d'attroupement seront portées devant la Cour d'assises (1).

AVARIES SURVENUES A DES MARCHANDISES PENDANT LEUR TRANSPORT.

En cas d'avaries à des marchandises qu'il y a intérêt de faire constater pour conserver à celui qui les reçoit son recours contre l'expéditeur, le commissaire de police, sur la réquisition de la partie intéressée, *et dans le cas d'urgence seulement*, peut se transporter au lieu où sont les marchandises et constater les avaries; il fait examiner s'il y a lieu, par experts, l'indemnité qui peut être due, et rédige du tout procès-verbal, lequel est ensuite soumis au timbre et à l'enregistrement aux frais du requérant. Expédition peut en être délivrée.

Hors le cas d'urgence et de péril en la demeure qu'il importe de bien établir, l'état des marchandises avariées doit être constaté par des experts nommés par ordonnance, sur requête du président du tribunal de commerce ou, à son défaut, du juge de paix, conformément à l'article 414 du Code de commerce.

Une vacation est due au commissaire de police dans ces circonstances.

(1) C'est parce qu'ils étaient considérés comme délits *politiques*, que cette loi déférait les délits d'attroupement à la Cour d'assises. Aujourd'hui et d'après le décret du 25 février 1852, la connaissance des délits politiques appartient aux *tribunaux correctionnels*. (Voy. ci-dessus l'art. 7). — Toutefois, comme aux termes de la présente loi de 1848, les faits d'attroupement peuvent, suivant les circonstances, devenir des *crimes* et être frappés de peines *afflictives* et *infamantes*, il est hors de doute que le cas arrivant, c'est la Cour d'assises qui devrait être saisie et non le tribunal de police correctionnelle, qui ne peut connaître, en effet, que des délits. — N. Bacqua.

COMMISSARIAT
DE
POLICE

N°.

AVARIES

survenues à des mar-
chandises adressées
au sieur

(nom et prénoms)

(profession)

(domicile)

Pièces Jointes

PROCÉS-VERBAL

L'an mil . . . . et le . . . .
Par devant nous . . . . commissaire de
police de la ville d . . . .

S'est présenté le sieur (nom, prénoms, âge profession et domicile) lequel nous a déclaré qu'il venait de
recevoir à la gare de cette ville plusieurs caisses contenant des articles de mercerie ; que les caisses étaient
dans un état tel, qu'il lui paraissait impossible que les
marchandises qui y sont renfermées ne soient pas
avariées, et que, étant obligé de se rendre à . . . .
pour (spécifier les motifs), il nous requerrait de nous
transporter d'urgence, vu l'impossibilité absolue où il
est de se pourvoir par la voie légale, à la gare susdite,
à l'effet de constater les avaries survenues aux marchandises à lui destinées.

Sur quoi, nous commissaire de police susdit et soussigné, vu l'urgence, obtempérant à la réquisition du
sieur . . . . nous sommes transporté, assisté
des sieurs X . . . . . . et Z . . . . . . experts par nous désignés, à la gare d . . . . et avons constaté ce qui
suit :

(Énumérer le nombre de colis, leur poids, la qualité de la marchandise ; indiquer l'importance des
avaries.)

Nous avons à l'instant requis les sieurs X . . . . . , et
Z . . . . . experts, d'évaluer la perte que les marchandises ont éprouvée par suite des avaries qui leur
sont survenues, ce qu'ils ont fait après avoir prêté,
en nos mains, le serment prescrit par la loi.

En conséquence, attendu qu'il résulte du rapport
des experts que les marchandises soumises à leur
examen sont fortement avariées ; qu'il y a lieu d'es-
timer à (indiquer la somme) la réparation du dom-
mage éprouvé, avons dressé le présent procès-verbal
qui sera remis au requérant à l'effet de le mettre à
même de réserver ses droits, actions et recours contre qui il appartiendra.

Et avons taxé à la somme de dix francs les honoraires à payer à chacun des experts, lesquels nous remettront leur rapport pour être joint au présent.

A . . . . les jour, mois et an que dessus.

Le Commissaire de police,

PETIT MANUEL
DE POLICE

A L'USAGE

DES INSPECTEURS ET AGENTS DE POLICE

DES GARDIENS DE LA PAIX

DES SERGENTS DE VILLE

DES GARDES CHAMPÊTRES, APPARITEURS

ET AUTRES

AGENTS DE LA FORCE PUBLIQUE

DEUXIÈME ÉDITION

Revue, corrigée et considérablement augmentée

Prix cartonné : 1 fr. 5o cents

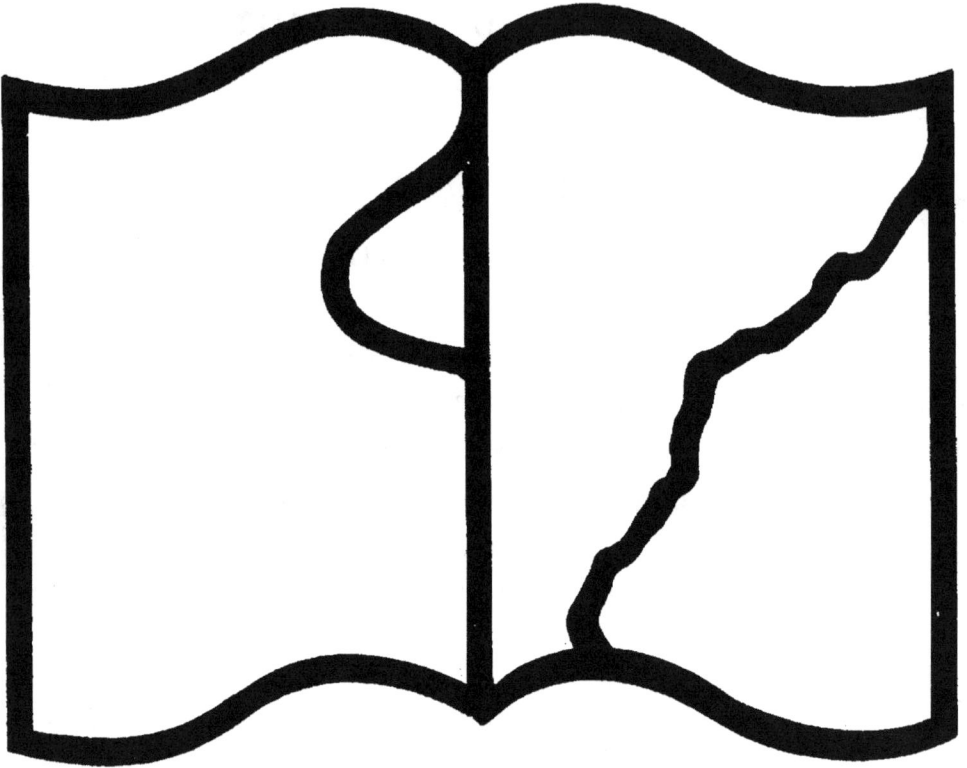

Texte détérioré — reliure défectueuse

NF Z 43-120-11

www.ingramcontent.com/pod-product-compliance
Lightning Source LLC
Chambersburg PA
CBHW071846200326
41519CB00016B/4257